Superhábitos

Superhábitos

Construye una Red de Hábitos duraderos
que trabajen para ti

BERTO PENA

conecta

Los libros de Conecta están disponibles para promociones y compras
por parte de empresas, con condiciones particulares para grandes cantidades.
Existe también la posibilidad de crear ediciones especiales, incluidas con
cubierta personalizada y logotipos corporativos, para determinadas ocasiones.

Para más información, póngase en contacto con:
edicionesespeciales@penguinrandomhouse.com

Papel certificado por el Forest Stewardship Council®

Primera edición: enero de 2022
Primera reimpresión: febrero de 2022

© 2022, Berto Pena
© 2022, Penguin Random House Grupo Editorial, S. A. U.
Travessera de Gràcia, 47-49. 08021 Barcelona

Printed in Spain — Impreso en España

ISBN: 978-84-17992-17-0
Depósito legal: B-17.651-2021

Compuesto en M. I. Maquetación, S. L.

Impreso en Black Print CPI Ibérica
Sant Andreu de la Barca (Barcelona)

CN 9 2 1 7 0

Índice

Empezamos

PRIMERA PARTE
El hábito

Prólogo

Te doy la bienvenida al mundo de Berto Pena.

Vivimos en un momento de la historia en el que cambios exponenciales hasta ahora nunca vistos están transformándolo todo. Por primera vez, millones de personas de cualquier rincón del planeta saben que pueden diseñar y crear la vida que desean.

Este logro, sin embargo, plantea una terrible paradoja: la cruda realidad es que somos conscientes de que podemos diseñar la vida que queremos, pero ignoramos cómo hacerlo. Y esto nos provoca una gran frustración. Tenemos sueños, pero ¿cómo llevarlos a cabo? Deseamos otra vida, pero los días pasan sin que consigamos mejoras significativas.

Tener la intención de cambiar es necesario, pero no suficiente.

La buena noticia es que hoy en día podemos acceder a información crucial para llegar a ese lugar donde se producen cambios significativos y duraderos.

El salvoconducto para llegar a ese lugar se llama hábitos.

Recuerda bien esta palabra, porque es la clave: hábitos.

El día que entendí que lo importante no era lo inteligente que pudiera ser o el dinero o los contactos que pudiera tener, sino mi capacidad para establecer y consolidar buenos hábitos, lo cambió todo.

Me siento muy afortunado por haber comprendido que conseguir resultados no es un esprint sino un maratón. También por haber captado relativamente joven que lo único que hay que hacer es consolidar unos cuantos hábitos y esperar —con la confianza del que sabe que su deseo se cumplirá— el tiempo suficiente.

El estudio de los hábitos me fascina. En algunos vídeos que he subido a YouTube y en mi libro *Misión emprender* comparto los hábitos que pueden conducirte al éxito. Desde hace más de una década he acompañado miles de procesos de transformación personal y he comprobado que la clave de los resultados está en algo tan sencillo como mantener los hábitos adecuados el tiempo suficiente.

¿Sencillo? Sí.

¿Fácil? Quizá no tanto.

Cuando empecé el camino de diseñar y crear mi propia vida, me topé con un señor que hablaba de productividad. Su mensaje resonó dentro de mí desde el primer momento. Había verdad y sencillez en sus palabras. Asimilé su mensaje, sus ideas y sus hábitos sobre cómo ser más productivo, cómo empezar y terminar el día, o cómo gestionar el correo electrónico. Y esas ideas pronto se convirtieron en mí en hábitos.

El nombre de ese señor era Berto Pena.

Más adelante le pedí, y tras varios intentos terminó aceptando, que fuera profesor de Productividad y gestión del tiempo en masterdeemprendedores.com, y desde hace siete años, y tras el paso de casi dos mil alumnos, he podido comprobar que Berto Pena es un genio para conseguir que incorporemos hábitos que nos permitan ser más productivos y, por lo tanto, más felices. No me lo han contado; lo he visto con mis propios ojos.

Berto no solo es un ejemplo de lo que predica, sino que es capaz de convertir la productividad, la gestión del tiempo y la fijación de hábitos en algo posible para cualquiera.

Ha sido capaz de condensar en estas páginas la forma de incorporar a nuestra vida los hábitos adecuados. Este libro era necesario y por fin se ha escrito. Gracias, Berto, por allanar el camino de aquellos que se toman en serio su transformación personal.

Si tienes claro que puedes aspirar a una vida mejor, que la clave de una transformación duradera son los hábitos y que quieres aprender cómo incorporarlos, bienvenido y bienvenida al mundo de Berto Pena, un mundo donde conocemos el santo grial del éxito: la forma de definir e incorporar hábitos adecuados a nuestra vida.

SERGIO FERNÁNDEZ,
emprendedor, autor de siete libros
(entre ellos el best seller *Vivir sin jefe*),
director de masterdeemprendedores.com
y de MasterDeDesarrollopersonal.com

Cómo aprovechar este libro

El libro que tienes en tus manos se puede leer de muchas maneras y, por supuesto, queda a tu elección cómo hacerlo. Pero mi labor no solo consiste en dar respuesta a lo que buscas, sino también en ayudarte a que lo encuentres antes y lo asimiles mejor. Por eso quería compartir contigo algunas recomendaciones que te permitirán sacar más provecho de todo el contenido.

Márcate un plan de lectura

La lectura de esta guía también puede verse como un nuevo hábito. Y un buen comienzo sería establecer un plan de lectura regular que te permitiera avanzar poco a poco. Consulta tu agenda (trabajo, familia, compromisos...) y busca uno o varios momentos para hacerlo. Si al principio no encuentras la ocasión, trata de identificar alguna actividad que puedas reducir o eliminar durante un tiempo. Estoy seguro de que lo que ganarás compensará ese ajuste provisional.

Ten cerca algo para tomar notas

A medida que vayas leyendo necesitarás anotar ideas, subrayar conceptos o hacer algún esquema sobre la marcha. Es importante que traduzcas mis ideas a tus propias palabras, situaciones que hayas vivido o casos en los que te veas reflejado. Tus apuntes te ayudarán durante la lectura, pero también dentro de un tiempo. Cuando necesites repasar y refrescar algún concepto, esas notas te servirán como guía rápida.

Repite algunas de las partes clave

Durante la lectura te encontrarás con capítulos o apartados que quizá te interese releer porque tengan un significado especial para ti o porque el contenido resulte clave en el cambio que buscas. No los releas enseguida; te recomiendo que busques otro momento, incluso al cabo de unos días. La relectura permite captar nuevos detalles, asimilar mejor el contenido y visualizar los ejemplos de otra manera. No solo te interesa descubrir ideas, sino adaptarlas a ti y aplicarlas mejor.

Evita la lectura rápida

La primera lección para desarrollar Hábitos es esta: correr equivale a hacerlo mal. Leer el libro rápido no hará que asimiles antes el método. Ve al ritmo que necesites o con el que te sientas más cómodo, pero te animo a que no pases páginas a la carrera. Si vas muy rápido, te perderás detalles, no podrás practicar ciertas actividades y tu aprendizaje se quedará a medias. Te lo digo porque, con este tipo de libros, a menudo la curiosidad y las ganas de mejorar pueden más que la paciencia y la práctica. Y los Hábitos exigen ambas capacidades.

Empezamos

1

Sé bienvenido
¡Empezamos!

¡Qué poco sabía yo de Hábitos cuando empecé a cambiarlos! Hace más de veinte años inicié mi transformación personal con unas ganas infinitas de cambiar. Me movían unos motivos sólidos y la posibilidad de conseguirlo me ilusionaba. Estaba en la línea de salida y tenía todo lo necesario para iniciar la marcha. Todo, excepto lo más importante: no sabía cómo cambiar.

Muy pronto aprendí que desarrollar ciertos Hábitos no se puede hacer de cualquier manera, que si se quiere ir más allá de un cambio puntual hay que tener las ideas claras y contar con un sistema, igual que tocar el piano no se limita a pulsar una serie de teclas. Y eso es lo que busco con este libro, transmitirte tanto las claves como el método práctico para adquirir y asentar Hábitos duraderos.

Unos inicios tímidos y accidentados

La idea de que puedes ser el arquitecto de tu vida gracias a los Hábitos es algo que descubrí cuando me propuse dar un giro a la mía. Cansado de vivir de forma desorganizada, improductiva y poco saludable, decidí que, si quería cambiar, debía empezar por los cimientos. Y no tardé en fijarme en mis Hábitos.

Los Hábitos me atraparon desde el primer momento. Todo lo que los rodeaba me fascinaba, y empecé a devorar la información relacionada que encontraba a mi paso. Compré libros, me suscribí a blogs y pódcast, y empecé a seguir a autores especializados en internet. Más allá de la gestión del tiempo (mi inicial área de interés), había Hábitos para conseguir una vida saludable, mejorar el bienestar personal, lograr una buena organización y el orden en casa, llevar una gestión de las finanzas inteligente y un largo etcétera. Había Hábitos para casi todo, y casi todos me servían. Detrás de aquello estaba la respuesta al cambio que estaba buscando.

El no saber cómo enfocarlo no detuvo mi entusiasmo inicial, así que me lancé a incorporar Hábitos. Unos cuantos. Y ahí cometí el primero de otros errores que vendrían después: introduje demasiados a la vez. En poco tiempo terminé por abandonar la mayoría de ellos y experimenté en primera persona el efecto gaseosa de los Hábitos pasajeros.

Tras varios intentos, unas cuantas caídas y frustrado por un cambio que no terminaba de cuajar, decidí parar y analizar qué y cómo lo estaba haciendo. Y aquello fue un punto de inflexión en el camino.

El análisis me llevó a dar con otro de mis errores. Me había puesto a copiar y pegar los Hábitos tal como los había descubierto, en lugar de ver cómo adaptarlos a mí (agenda y horarios, tipo de trabajo, necesidades personales). Comprendí que debía concretar más cada cambio, hacerlo más gradual y menos costoso, apoyarme en aquello que lo simplificaba o centrarme en eliminar mis tentaciones o lo que me distraía.

Eso me dio ánimos, un punto de partida y una nueva dirección. Así que volví a la casilla de salida, pero esta vez con un nuevo enfoque: lo que contaba no era querer cambiar o qué iba a cambiar, sino la manera de aplicar ese cambio. Antes de lanzarme a practicar Hábitos, primero tenía que ver *cómo* introducirlos.

El primero que adquirí con éxito fue el de empezar el día haciendo siempre la tarea más importante. Quería volcarme en las cosas que ofrecían mejores resultados, sacar más de mi hora más productiva y «empezar ganando» cada día. Y así ha sido desde hace más de veinte años.

A este hábito le siguió otro: lo último que haría cada día sería preparar el plan de tareas del siguiente. Durante los meses posteriores seguí sumando Hábitos de productividad y gestión del tiempo, pero empecé a extenderlos a otras áreas. Siempre de uno en uno y *solo* después de asegurarme de que el anterior estuviera bien asentado. Y es que mis primeras y sonadas caídas se habían encargado de que esas dos lecciones quedaran bien grabadas en mi mente.

Con cada nuevo hábito que adquiría, no paraba de aprender: cómo son y cómo funcionan, por qué unos se quedan y otros se van, por qué algunos se hacen tan cuesta arriba, qué trampas debía evitar, errores frecuentes (muchos de ellos reincidentes), cómo añadir nuevos cambios sin descuidar los anteriores, etc.

Con el tiempo y la práctica fui definiendo un método que combinaba mis experiencias con las ideas que había aprendido de otros. Y ese método, que me ayudó a convertirme en una persona completamente nueva, es el que quiero compartir contigo.

Cambiar no es algo que se enseñe

Desde hace más de quince años he podido acompañar a miles de personas que, como yo, buscan ese cambio con mayúsculas. En mi blog, pódcast, canal de YouTube, en los centenares de seminarios y charlas que he impartido o en las incontables sesiones de asesoría personal que he ofrecido, siempre me han planteado esta pregunta: «¿Cómo se puede cambiar?».

No es una pregunta cualquiera. Todo el mundo es capaz de cambiar, pero no todo el mundo sabe hacerlo. Nadie nos enseña a cambiar. Es un problema generalizado con el que me topé cuando me puse a renovar mis Hábitos. Y saber cambiar es algo cada vez más importante. En algún momento de nuestra vida, todos necesitamos introducir un cambio o incluso afrontar una reforma integral.

A veces la necesidad de cambiar viene impuesta por lo que nos rodea: inicio de nuevos proyectos, novedades en el trabajo o cambios en el entorno familiar. En otras ocasiones surge de un impulso interior: aprovechar más el tiempo, mantener el orden y la organización personal o llevar un estilo de vida más sano. En todos estos casos hay que hacer ajustes en las costumbres, introducir otras o prescindir de alguna rutina. Pero la pregunta sigue ahí: «¿Cómo se puede cambiar?».

Si estás aquí, quizá tú también busques la respuesta. Y es probable, además, que te encuentres en una de las siguientes situaciones, dado que son las más comunes entre los que buscamos un cambio a través de los Hábitos:

- **Situación 1**

  Tienes en mente un hábito que quieres incorporar (o varios). Quizá lo has intentado en el pasado, pero sin éxito. Estás cansado de probar cosas que duran un tiempo y se evaporan, y quieres saber cómo lograr que se queden contigo para siempre. Necesitas un método práctico para desarrollar Hábitos duraderos.

- **Situación 2**

  Quieres reinventarte y buscas la transformación de tus Hábitos. Necesitas dar un giro profundo a tu vida personal o profesional (o a ambas), pero deseas hacerlo bien desde el principio. No te interesa perder el tiempo con experimentos y quieres dar en la diana a la primera. Buscas una guía clara y, sobre todo, pensada para la vida real.

- **Situación 3**

  Quieres enseñarles a otras personas, como a tus hijos, a algún familiar, amigo o compañero. Te has propuesto aprender tú primero para transmitírselo a ellos después. Es algo de enorme valor para cualquiera, pero más para los niños/chicos. Porque aprender a cambiar es una cualidad que les resultará vital en sus estudios, pero sobre todo en su futuro. Desarrollar Hábitos no se enseña en las aulas, pero se puede aprender fuera de ellas, sin duda.

Independientemente de la situación en que te encuentres —en varias a la vez o en alguna que no he descrito—, en este libro hallarás las claves y un completo método para conseguirlo. Te ofreceré una fórmula que podrás aplicar y repetir tantas veces como quieras, cada vez que necesites afrontar un cambio o adquirir Hábitos, ya sea ahora o en los próximos años. Igual que solemos actualizar el *software* de nuestros ordenadores y móviles de forma regular, podrás poner al día el tuyo con nuevos Hábitos.

Porque ellos, en conjunto, forman tu «sistema operativo personal». Tus Hábitos marcan de una manera sorprendente lo que haces, cómo lo haces e incluso lo que consigues. Esas rutinas y gestos están tan arraigados en ti que te salen sin pensar, sin esfuerzo, en modo piloto automático. Son un armazón invisible que te sostiene y te dirige a la vez. Tú eres lo que repites. Tú eres lo que son tus Hábitos.

El camino que tenemos por delante

Antes de emprender la marcha, me gustaría comentarte las tres partes en las que se divide el libro. Solo es una rápida fotografía para que te hagas una idea de lo que viene a continuación.

En la primera parte nos centraremos en ver cómo funcionan los Hábitos: cómo se forman, por qué los perdemos y cómo conseguir que se queden. No te preocupes si suena a teoría; lo veremos todo desde un punto de vista práctico. Para construir Hábitos duraderos, es preciso que conozcas cómo son por dentro y por qué terminamos abandonando algunos.

Después nos adentraremos en el método en sí. En la fase de «Arranque» descubrirás los elementos clave para poner en marcha el hábito y cómo eliminar las resistencias y obstáculos más frecuentes. Lo haremos con una intención clara: practicar el hábito sin recurrir a la sobreexplotada fuerza de voluntad o a la trillada disciplina.

En la última parte del libro seguiremos con el método, pero nos centraremos en hacer que el hábito crezca. Esta será la fase de «Rodaje». Aprenderás a marcar una repetición para que se grabe en ti, a hacer un seguimiento para asegurarte de que se está asentando y a evitar ciertas trampas que suelen aparecer durante la práctica–repetición.

A lo largo de todo el camino iremos viendo ejemplos prácticos y compartiré contigo numerosas experiencias, tanto mías como de otras personas con las que he trabajado durante estos años. Asimismo, al final de cada parte encontrarás unos ejercicios que te ayudarán a fijar algunas de las ideas que vayas descubriendo. Es un programa de trabajo ambicioso que te exigirá tiempo, energía y atención. Pero la recompensa merece la pena.

Tenemos mucho por delante, así que... ¡a por ello!

2

Una Red de Hábitos duraderos

Nadie nace con Hábitos, pero todos acabamos teniéndolos. Incluso las personas que nos parecen indisciplinadas o caóticas han adquirido los suyos. Pero quienes llevan una vida productiva, organizada o saludable hacen algo único: primero deciden qué quieren cambiar y después identifican aquello que les permite conseguirlo. Eligen sus Hábitos de forma premeditada, con una idea clara de lo que quieren, y suelen extraerlo de preguntas como las siguientes:

«¿Mis Hábitos actuales me están llevando hacia donde quiero?».

«¿Qué Hábitos me faltan (o sobran) para conseguir lo que busco?».

Las personas así se impulsan en sus Hábitos para llegar hasta lo que quieren. Primero deciden qué buscan y luego eligen los Hábitos que los llevarán hasta allí. Esta forma de cambiar, que quizá parezca evidente, supone una enorme diferencia respecto a una mayoría más acostumbrada a tener ganas de cambiar que a actuar.

Por lo general, pensamos más en lo que nos gustaría ser o tener que en lo que debemos hacer para conseguirlo. Solemos decir «Tengo que organizarme mejor», cuando debería ser «Tengo que cambiar mis Hábitos organizativos». O afirmamos «Tengo que empezar a cuidarme», cuando deberíamos decir «Estos son los Hábitos que me permitirán llevar una vida sana».

Esta forma de pensar (vivir) en la que los deseos mandan sobre las acciones ha calado tanto que suele conducir a ansiar un cambio que muchas veces no llega. Al final, todo se reduce a un «digo que quiero algo, le doy mil vueltas en la cabeza, pero en el fondo no hago nada para conseguirlo».

El Laberinto del Cambio Pasajero

Por supuesto, sabemos que no siempre es así. Muchos de nosotros hemos hecho cambios y probado nuevos Hábitos. Pero ¿cuántos se han mantenido? ¿Cuántas veces hemos puesto en marcha un hábito y, tras un inicio prometedor, hemos terminado por abandonarlo?

Cuando esta situación se repite de forma recurrente nos suele conducir a lo que llamo el «Laberinto del Cambio Pasajero», un círculo vicioso del que mucha gente no sabe salir y en el que se puede vivir durante años. Uno de los ejemplos que mejor describe ese laberinto son los famosos propósitos de año nuevo.

Aunque la necesidad de cambiar lleva un tiempo rondándome, cuando está a punto de empezar un nuevo año siento que es el momento perfecto para iniciar una nueva etapa, probar algo nuevo y (por fin) dejar algún mal hábito. Y es entonces cuando las intenciones que durante el año han estado rebotando en mi cabeza se convierten en una prioridad: aprender otro idioma, perder peso, dejar de fumar, volver al gimnasio, organizarme mejor o llevar una alimentación sana, por citar algunos de los propósitos más populares.

El resultado es que la mayoría no llegan a finales de enero. Tras la ilusión inicial y disfrutar tímidamente de los primeros resultados, al final me quedo como estaba. Y el hábito que tanto prometía se va desinflando a medida que recorro estas cinco etapas:

ETAPAS DEL HÁBITO PASAJERO

ETAPA 1
Descubrimiento – Flechazo

ETAPA 2
Resultados – Entusiasmo

ETAPA 3
Irregularidad – Desinterés

ETAPA 4
Inconstancia – Desencanto

ETAPA 5
Abandono – Frustración

Al alcanzar la última etapa, en especial si ya lo he intentado antes, empiezo a decirme que ese hábito no va conmigo y que tal vez nunca lo consiga. Pero después de un tiempo el deseo por cambiar volverá a la superficie y pondré en marcha el proceso de nuevo. Y en cada intento seguiré más o menos el mismo patrón, sin ideas muy claras y tropezando en las mismas piedras. El resultado será que aparecerán Hábitos pasajeros que van y vienen, y que, por el camino, van desgastando mis ganas por cambiar y la confianza en conseguirlo.

He escrito estos párrafos en primera persona porque conozco muy bien cómo es ese laberinto por dentro. Viví en él durante muchos años..., hasta que encontré la forma de salir. Primero aprendí a formar Hábitos con un método paso a paso, y a continuación descubrí algo que me llevaría a una completa transformación.

Hábitos que duran y se conectan entre sí

Tras unos comienzos con más caídas que aciertos, me centré en seguir sumando Hábitos, pero me aseguré de asentarlos bien y siempre de uno en uno. Al principio eran rutinas sueltas que, fundamentalmente, se centraban en mejorar la efectividad de mi trabajo. Lo que desconocía entonces —y ahora sé— es que esos Hábitos acabarían juntándose y formando una especie de red. Algo que terminaría por desencadenar el mayor cambio de mi vida.

Al principio no fui consciente de estar construyendo una red. Guiado por mi instinto y mis necesidades, me limité a incorporar

Hábitos. Con mis dos primeros, conseguí dar tal vuelco a mi forma de trabajar que empecé a referirme a ellos como «Superhábitos» (te hablaré de ellos en el próximo capítulo). Además, fui sumando otras costumbres y gestos que, sin llegar a ser impactantes, jugaron su papel dentro del cambio que había puesto en marcha (poner el móvil en silencio cada vez que estaba con otra persona, por poner un ejemplo).

Y a medida que iba asentando tanto unos Hábitos como otros, comprobé algo fascinante: de alguna forma, se habían ido conectando entre sí. Esa conexión hizo que dejaran de trabajar de forma aislada y que su acción se multiplicase. En otras palabras, sus beneficios se dispararon. Por ejemplo:

- El hábito de abrir el correo en momentos específicos del día se conectó con el de empezar siempre el día haciendo la tarea más importante, y a la vez potenció el gesto de silenciar el móvil cuando necesitaba concentrarme.

- El hábito de estirar mi cuerpo durante mis descansos de trabajo se conectó con mi rutina de relajación antes de acostarme, pero también me ayudó a acostumbrarme a beber agua con regularidad.

- El hábito de aumentar mi consumo de fruta y verdura se conectó con el de planificar la compra semanal y a la vez reforzó el de preparar un plan de comidas saludables por adelantado.

Descubrir ese vínculo entre mis Hábitos supuso un giro inesperado, pero fue toda una revelación. Así que decidí ir a lo grande. Seguí agregando otros poco a poco, pero esta vez empecé a elegirlos con más intención. Quise que cada hábito cubriera una necesidad, pero a la vez que tuviera afinidad con alguno de los que ya había adoptado. Como ya sabía qué pasos debía dar para acertar, cada vez me costaba menos ponerlos en marcha y que se pegaran a mí.

Con los años fui completando una Red de Hábitos que terminó por llevarme donde jamás imaginé. El cambio que tanto había deseado llegó con ese gota a gota de Hábitos conectados que no se asomaban y se iban, sino que por fin se quedaban conmigo. Sin recurrir a mi débil fuerza de voluntad o pretendida disciplina, sin tomar decisiones drásticas ni abrazar medidas extremas, había abandonado para siempre el Laberinto del Cambio Pasajero.

Haz que tus Hábitos trabajen para ti

Terminé construyendo mi Red de Hábitos guiado por la intuición y casi por casualidad, pero cada día doy gracias por ese maravilloso descubrimiento. Esos Hábitos me han convertido en una persona más productiva, me han proporcionado bienestar y salud, me han aportado organización personal y orden en casa, y me han permitido pilotar mi vida como yo quiero.

La transformación que viví fue tan profunda que enseguida me di cuenta de que tenía que compartir mi aprendizaje, así que decidí volcar mi carrera en ayudar a los demás. Y siempre transmitiendo el cambio con esta sencilla pero poderosa idea: elige tus Hábitos uno a uno y ponlos al servicio de lo que quieres. Haz que tus Hábitos trabajen para ti.

Como sabes, un gran número de tus acciones las repites en modo automático. Tus Hábitos están al timón. Deciden, por ejemplo, si lo primero que haces al despertarte es mirar el móvil; si haces ejercicio o te quedas en el sofá; si pierdes el tiempo cuando deberías estar trabajando/estudiando; si a la hora del almuerzo eliges una opción saludable o comida procesada; si estás mirando las notificaciones del teléfono en vez de atender a alguien; si antes de acostarte ordenas la casa o lo dejas todo patas arriba. En definitiva, los que muchas veces te llevan en una dirección u otra son tus Hábitos.

De manera que si los eliges de forma intencionada, añadiendo los que te acerquen a lo que buscas y te impulsen donde tú no llegas, llegarán a «reprogramarte» casi por completo. Si los sumas (y los conectas) podrás cambiar según lo que quieras mejorar o conseguir, ya sea tu manera de organizarte y gestionar el día, ser efectivo en el trabajo o en los estudios, o cuidar de tu bienestar y salud personal.

El conjunto de todas las rutinas, costumbres y gestos que vas adquiriendo de forma deliberada irán conformando tu Red de Hábitos. Esa red actuará como un *software* interno que te dirigirá cada día y en gran medida determinará lo que vas a conseguir. Porque lo que decide hasta dónde llegas no es lo que deseas, sino lo que haces y repites.

Por supuesto, para desarrollar Hábitos no es necesario perseguir esa conexión o tener la intención de construir una red que te reprograme o te ayude a redefinir tu vida. Puedes incorporar un hábito concreto que cubra una necesidad y ya está o hacerlo por curiosidad. Es algo que naturalmente decidirás tú. Pero cuando buscas un cambio duradero y de impacto (tú u otra persona a la que quieras ayudar), tu Red de Hábitos será algo prodigioso.

A diferencia de lo que me pasó a mí —que recorrí el camino en solitario y medio a ciegas—, te iré acompañando mientras avanzas de manera progresiva, dando pasos firmes y sin grandes esfuerzos. De ese modo, contarás con un método claro que te permitirá acercarte a lo que quieres. Esa es la magia de los Hábitos, y eso es lo que vamos a descubrir.

3

El poder de los Superhábitos

Hay hábitos y hábitos. Aunque todos suman, no todos tienen el mismo impacto sobre ti. Algunos suponen una ligera mejora en un rincón de tu vida. Otros juegan un papel clave dentro de una evolución mayor. Y hay otros que pueden suponer un giro colosal en tu manera de vivir o trabajar. Esos son los Superhábitos, y de ellos me gustaría hablarte ahora.

Cuando empecé a preparar la estructura y el contenido de este libro no tenía claro si debía presentártelos con tanta antelación, pues todavía estamos dando los primeros pasos. Sin embargo, por su significado e impacto, decidí incluir aquí este capítulo. Porque mucho de lo que veremos más adelante tiene que ver con ellos y por su papel decisivo en tu Red de Hábitos. Ellos son su verdadero corazón.

Los Superhábitos se caracterizan por su alta capacidad de transformación, y sus efectos son más potentes que los de otros más comunes. La práctica continua de estos Hábitos multiplica sus beneficios y los hace aún más duraderos. Aunque detrás de su puesta en marcha hay distintas razones, se suelen adquirir para impulsar alguna de las áreas clave de tu vida:

MIS COSAS
Gestión y organización propia, finanzas personales...

MI SALUD
Alimentación, bienestar físico o mental, estilo de vida...

MI PRODUCTIVIDAD
Gestión del tiempo, efectividad en el trabajo/estudios...

MI CASA
Orden y gestión de la casa, cuestiones familiares...

Esta división en cuatro áreas es más que nada formal, pues al hablar de ellos nos fijaremos sobre todo en su «apellido». Por ejemplo, diremos que un Superhábito es productivo si está pensado para aprovechar mejor el tiempo, para ayudarme a eliminar distracciones y concentrarme o para gestionar mis tareas con menos esfuerzo. Por otra parte, nos referiremos a un Superhábito saludable si su misión es proporcionar bienestar y energía o contribuir a cuidar del cuerpo y de la mente. Y así con el resto.

Para ser más concretos, ¿qué diferencia estos Hábitos de otros, digamos, más modestos? ¿Qué convierte a un hábito en *súper*? Aunque tienen ciertos rasgos especiales de los que te hablaré a continuación, en realidad ese sobrenombre acabarás poniéndoselo tú. No todas las personas tenemos los mismos Superhábitos. Cada cual elige los suyos en función del valor que le aportan, de cómo le impulsan y de hasta dónde le hacen llegar.

Pero no quiero hablar de ellos como si fueran algo intangible, así que me gustaría presentarte mi lista de Superhábitos. Son diez en total. Que haya terminado con ese número no obedece a una razón particular. Tengo mis manías y, como me gusta redondear las cosas, supongo que, sin pretenderlo, me he ido acercando a ese número. Pero tú puedes terminar con tres, cinco o también diez, sí. Lo que cuenta no es el número, sino lo que te dan.

Solo voy a enumerarlos y profundizaremos en ellos al final del libro. Ahí incluiré la «receta» que seguí y que podrás tomar como referencia si quieres ponerlos en marcha. El hecho de presentarlos ahora y ocultar su fórmula hasta las últimas páginas tiene su explicación: antes de verla, debemos estudiar el método y ver cada uno de los pasos en los que se apoyan estos Superhábitos. Por otro lado, iré recurriendo a algunos de ellos para ejemplificar mucha de la información que nos está esperando.

Estos son mis diez Superhábitos:

1. Al final de cada día, planificar el siguiente.
2. Empezar el día pronto (acostándome antes).
3. Hacer en primer lugar la tarea más importante del día.
4. Eliminar distracciones y hacer solo una tarea a la vez.
5. Hacer ejercicio físico varias veces por semana.
6. Terminar cada día algo que tengas a medias.
7. Ordenar siempre al terminar cualquier actividad.

8. Planificar los menús (de comida sana) de toda la semana.
9. Terminar la semana de trabajo con una revisión de tareas.
10. Hacer una desconexión diaria de todo tipo de tecnología.

Quiero subrayar que esta lista recoge *mis* Superhábitos, pero quizá los tuyos sean distintos. Cada persona debe encontrar los suyos. No tienes que adoptar estos mismos o alguno de ellos. Lo que yo puedo presentarte como algo transformador quizá no lo sea tanto para ti. No todos somos iguales; tenemos necesidades diferentes y no siempre buscamos lo mismo. Pero durante estos años he podido comprobar que muchas personas comparten varios Hábitos de esta lista y también los consideran *súper*.

Aunque quizá los tengas trabajando en áreas diferentes —y en apariencia puede que no tengan nada que ver entre sí—, todos los Superhábitos que conozco comparten tres rasgos muy identificativos:

- Sus grandes **beneficios** se pueden percibir de forma inmediata, pero su efecto acumulativo alcanza su pico de impacto a medio y largo plazo.

  Mis Superhábitos de ejercitarme varias veces por semana y comer sano me aportaron bienestar desde el primer mes, pero con el paso del tiempo llegaron a transformarme por completo.

- **Conectan** con gran facilidad con otros Hábitos previos, ya sean súper o no. Esa afinidad hace que trabajen en equipo, lo cual amplifica los resultados de unos y otros, como veíamos en el capítulo anterior.

El hábito de no tocar la tecnología durante una hora al día me acostumbra a no depender tanto de internet y del móvil, y eso me ayuda a concentrarme cuando necesito atender a una tarea o a una persona.

- Proporcionan un alto grado de **satisfacción**. El hecho de verte practicándolos y el disfrutar de lo que te dan tiene una recompensa emocional de la que carecen otras rutinas. No es un detalle cualquiera, puesto que las personas repetimos por instinto lo que nos hace sentir mejor (es una de las razones del éxito que se ocultan detrás de algunos malos Hábitos).

El hecho de empezar el día pronto y centrarme en lo más importante me ofrece muy buenos resultados y me permite aprovechar mejor el tiempo. Pero si lo he repetido durante todos estos años también ha sido por la satisfacción interior que me produce.

Lo *súper* requiere plan y método

Como probablemente te habrás figurado, desarrollar y asentar Superhábitos cuesta más que implementar otros más comunes. Es algo que no puedes perder de vista tanto si tú los pones en marcha como si ayudas a alguien a hacerlo. Pero lo que te dan a cambio compensa con creces el trabajo extra.

Ese esfuerzo adicional no limita el número de personas que pueden desarrollarlos, como tampoco lo reduce a un grupo de privilegiados con superpoderes. En absoluto. Cualquiera, desde un niño hasta una persona de avanzada edad, puede adquirir Superhábitos y, por supuesto, conectarlos con otros que ya tenga.

Su dificultad no está tanto en ellos mismos como en las resistencias que suelen aparecer al practicarlos. Y es que con frecuencia los Superhábitos chocan contra (malas) costumbres muy arraigadas que tal vez llevan contigo muchos años y se resisten a desaparecer.

Tomemos dos ejemplos de mi lista para ver dónde está la dificultad y las resistencias a las que me refiero:

- Mi hábito de «Hacer en primer lugar la tarea más importante del día» se dio de bruces con otro que practiqué durante años. Es una rutina muy arraigada entre la inmensa mayoría de los que trabajamos frente a un ordenador: empezar el día leyendo el correo electrónico. Casi todo el mundo lo hace de forma invariable, y además sin cuestionárselo.

- El de «Hacer ejercicio físico varias veces por semana» impactó con mi naturaleza, mayoritariamente sedentaria y perezosa, algo a lo que me conduje tras años de abandono e inactividad. Cuando llegaba la hora de calzarme las zapatillas de deporte, mi mente no paraba de susurrarme: «Berto, quédate en casa».

Por todo ello, los Superhábitos suelen requerir un extra de preparación y seguimiento. Es necesario ser rigurosos y aplicar el método a rajatabla siguiendo los pasos. Por supuesto, aún no lo hemos estudiado y lo desconoces, pero, por su importancia, quería adelantártelo cuanto antes.

No quiero continuar sin dejar claro que los Superhábitos no son imprescindibles para lograr un cambio en cualquiera de las cuatro áreas clave de tu vida (o en otra que no haya apuntado). Se puede llegar muy lejos con microhábitos y rutinas sencillas. Tú decides qué buscas y qué tipo de Hábitos quieres que te lleven hasta allí.

Tampoco hay obligación alguna de conectarlos con otros y formar una red con ellos. Puedes hacerlos trabajar de forma independiente y beneficiarte de lo mucho que te van a aportar. Pero cuando tienes varios trabajando para ti y los enlazas entre sí, su efecto transformador se dispara.

Por todo lo que me han dado (y me dan) en mi vida, por todo lo que les han dado a muchos clientes, amigos, seguidores y alumnos, quería presentártelos al inicio del libro. Porque, además, como decía, serán compañeros asiduos en el camino que vamos a recorrer.

Ejercicio práctico
Evaluación inicial

Hace años, Almudena contactó conmigo porque quería cambiar su organización personal y la forma de gestionar el tiempo. Era la responsable de una asesoría fiscal con veinte empleados y llevaba tiempo dándole vueltas al cambio. Acudió a mí para que la ayudara a dar los pasos correctos.

Antes de nuestra primera sesión, le sugerí que hiciera el ejercicio que te voy a plantear a continuación, y aquello le chocó un poco. Quería empezar con los cambios cuanto antes. Le expliqué que, para llegar a donde quieres, primero tienes que saber dónde estás. De hecho, fui un poco más allá y le dije: «Puede que no sepas adónde quieres llegar si no tienes claro dónde estás».

Que Almudena hiciera el ejercicio al dar sus primeros pasos y el motivo de proponértelo al comienzo del libro tiene un propósito doble:

- Ver en qué punto de tu cambio estás ahora, analizando Hábitos pasados o alguno recién incorporado.

- Poner sobre la mesa tanto los fallos que has podido cometer como los avances que hay detrás de esos cambios.

Todo ello servirá para conectar tu experiencia con muchas de las cosas que iremos estudiando. De esta manera, verás el programa de trabajo que seguiremos como algo más cercano, no solo desde la perspectiva de lo que yo te vaya contando.

El ejercicio consiste en una autoevaluación que consta de una serie de preguntas a las que tendrás que ir respondiendo. Es un ejercicio sin complicación alguna, pero te animo a que lo hagas sin apresurarte y que contestes con toda la franqueza posible. Procura que tus respuestas sean específicas y evita caer en generalidades (me gustaría recalcar este detalle porque durante estos años he visto que muchas personas han contestado de forma poco concreta).

Te sugiero que, antes de hacerlo, reserves un rato de tiempo generoso, como una hora. Busca un lugar tranquilo y elimina cualquier distracción o posible interrupción (silencia el móvil o mejor déjalo en un lugar alejado de ti). No, no nos estamos preparando para estudiar las propiedades dinámicas de un cohete espacial, pero es importante resolver el ejercicio con la cabeza despejada y toda la tranquilidad posible. Para ser efectivos al crear Hábitos, primero tiene que haber una idea meditada y después una acción decidida. Primero vemos, luego hacemos.

Te dejo con el ejercicio y las preguntas.

1. ¿Por qué quieres incorporar Hábitos a tu vida? ¿Qué te mueve o te motiva?

_____

_____

2. ¿En cuál de las cuatro áreas clave de tu vida has intentado implementar más cambios? («Mis cosas», «Mi salud», «Mi productividad» o «Mi casa»). Explica brevemente tu experiencia.

_____

_____

EJEMPLO: En los últimos meses he conseguido dos hábitos que me están funcionando muy bien: en «Mi salud», voy al gimnasio tres veces por semana. En «Mi productividad», tener un listado de las tareas del trabajo que llevo al día. De los dos, me costó más el primero. Durante la semana, nunca encontraba tiempo para ir al gimnasio y siempre tenía alguna excusa. Mi trabajo se ha complicado bastante en los últimos meses y me gustaría seguir añadiendo hábitos para gestionar mejor mi tiempo y mis tareas.

3. Cita algún hábito que hayas intentado pero que luego hayas perdido, o que hayas practicado sin regularidad.

_____

_____

EJEMPLO: Dejar de trabajar a una hora concreta. Siempre termino en casa respondiendo correos y haciendo algo. En vez de descansar, leer o ver una película con la familia, trabajo. Lo he intentado varias veces, pero siempre termino haciendo algo que alarga el día de trabajo.

4. ¿Hay algún hábito en el que estés más interesado o que sea más importante para ti? ¿Por qué?

_____

_____

EJEMPLO: Conseguir unos buenos hábitos de sueño. Cada vez rindo peor y me siento más cansado. Creo que tiene mucho que ver cómo duermo. No tengo un horario fijo (trasnocho) y necesito regularlo tanto por mi efectividad en el trabajo como por mi salud.

5. Respecto a los Hábitos que has asumido con éxito, ¿cuál crees que ha sido el motivo? ¿Hay algún detalle que consideres determinante para que el hábito se quedase?

_____

_____

EJEMPLO: He logrado adquirir varios pequeños hábitos de organización en casa y alguno de vida sana. Creo que han funcionado porque son cosas sencillas que no me han costado mucho.

6. ¿Alguna vez has introducido un hábito por una recomendación? (Tal vez por un artículo o un vídeo de YouTube). Si es así, indica cuál fue el hábito y cómo fue tu experiencia.

_____

_____

7. Aprender a desarrollar Hábitos es importante para ti porque...

_____

_____

EJEMPLO: Me ayuda a asumir nuevos retos y a adaptarme a las situaciones cambiantes. Tanto en la vida como en el trabajo he vivido ciertas dificultades en los últimos meses, y en algunas ocasiones no he sabido adaptarme. Creo que si sé modificar mis Hábitos, podré vivir y trabajar mejor.

8. ¿Hay algún hábito sencillo o rutina pequeña que hayas adquirido? ¿Has conseguido alguno más difícil o impactante? Explica tu experiencia en cada uno de ellos.

_____

_____

9. ¿Cuál crees que es tu punto débil a la hora de introducir y asentar Hábitos?

_____

_____

EJEMPLO: Las prisas. Quiero resultados, y los quiero ya. No tengo tanta paciencia como me gustaría. Pero me pasa con todo.

10. ¿Qué objetivos te marcas con la lectura de este libro? ¿Qué quieres conseguir cuando lo acabes?

_____

_____

PRIMERA PARTE

El hábito

EL HÁBITO

4

¿Cómo se forma el hábito?

¿Qué hace que un hábito se quede? ¿Por qué algunas cosas cuestan tanto y otras salen en modo piloto automático? ¿Qué explica que los malos Hábitos se peguen tan fuerte? ¿Por qué adquirir los buenos parece que lleva más tiempo?

La mayoría de los Hábitos se forman siguiendo un ciclo que primero determina su creación y después su asentamiento. Es un proceso en el que intervienen principalmente tres elementos: Motivación, Activador y Repetición.

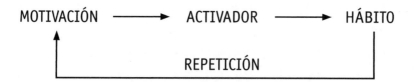

MOTIVACIÓN ⟶ ACTIVADOR ⟶ HÁBITO

REPETICIÓN

Por definirlos en pocas palabras, la Motivación te hace empezar y volver al hábito, el Activador te recuerda practicarlo, y la Repetición contribuye a que se vaya pegando.

Estos tres elementos están detrás de todos los Hábitos que tienes en este momento, tanto de los buenos como de los malos. Aunque en la siguiente parte veremos en detalle cada uno de los tres, me gustaría que empezáramos a trabajarlos desde ahora, dado que nuestro método va a pivotar sobre estos pilares.

Motivación: lo que te hace empezar

Hemos abusado tanto de la palabra «motivación» que, para la mayoría de las personas, casi no significa nada. Cuando se refiere a la creación de Hábitos no tiene que ver con obligarse a pensar en positivo, contratar a un entrenador personal que te grite «¡Venga, tú puedes!», o levantarte repitiendo la consigna «Hoy va a ser mi día».

La Motivación es los *motivos* por los que pones en marcha un hábito, el porqué de querer que forme parte de ti, las razones detrás del tiempo y de la atención que pondrás en él. Por todo ello, esos motivos necesitan estar claros y deben ser concretos. Al fin y al cabo, serán los que van a prender la mecha del hábito, detalle que cuenta más cuando lo que pones en marcha es un Superhábito.

Pero esos motivos no son solo anímicos, como solemos creer. Surgen también de la suma de la Necesidad que quieres cubrir más la Recompensa que esperas conseguir, es decir, el beneficio tangible y específico que buscas con ese hábito.

MOTIVACIÓN = NECESIDAD + RECOMPENSA

Aunque cabría pensar que lo que más pesa son los estímulos personales, es la Necesidad y, sobre todo, la Recompensa lo que realmente termina moviéndome. La razón por la que mi subconsciente me lleva a repetir un hábito es porque, en el fondo, busco lo que obtengo a cambio. Eso es lo que me va enganchando a él.

Por eso los malos Hábitos tienen tanto poder sobre nosotros, por (todo) lo que nos dan. En su caso esa Recompensa suele ser inmediata e intensa, lo que explica que tantas veces nos dobleguen. Aunque, a decir verdad, no son ellos los que se imponen, sino lo que obtengo de ellos. Por ejemplo, si estoy habituado a la comida procesada, vuelvo a ella una y otra vez por el placer que obtiene mi cerebro, sobre todo de los azúcares. Esa Recompensa me lleva a repetir e incluso a aumentar su consumo.

Esa Necesidad + Recompensa también nos mueve (nos motiva) a la hora de repetir Hábitos positivos. Veamos algunos ejemplos:

«En mi trabajo, tengo el hábito de asignar fechas a mis tareas pendientes porque necesito controlar los proyectos y los trabajos que tengo en marcha. Lo que gano a cambio es mayor rigor en los plazos, menos olvidos y un mejor servicio a mis clientes».

«Tengo el hábito de hacer ejercicios de respiración y estiramientos durante el día porque necesito rebajar el estrés y parar el ritmo loco del trabajo. Me ayuda a descansar el cuerpo de tanto tiempo delante del ordenador, me relaja bastante y me permite seguir hasta completar el día».

«He incorporado el hábito de cenar sano y ligero porque necesito cuidar mi salud y tener un descanso nocturno de calidad. Lo repito todas las noches porque me permite levantarme con más energía y empezar el día con intensidad, además de ayudarme a controlar mi peso».

Desde luego, tener una Motivación clara no garantiza que el hábito se vaya a quedar contigo. Pero es necesario para empezar con buen pie. Como comprobaremos en el próximo capítulo, cuando no existen motivos sólidos o lo que hay es interés o curiosidad, tienes muchas posibilidades de que el hábito termine en abandono.

Activador: lo que te hace recordar

Su nombre es muy significativo y ofrece bastantes pistas del papel que juega en este ciclo. Se trata de una señal externa que, al verla o darte cuenta de ella, te activa tanto a ti como al hábito, recordándote que es momento de practicar o hacer algo concreto: un gesto, una acción, una actividad...

En cuanto el hábito esté asentado, se habrá grabado en tu subconsciente y te saldrá de forma automática. Pero mientras te vas acostumbrando a él, necesitas algo que actúe a nivel consciente y que te recuerde puntualmente que es momento de repetirlo.

Aunque el Activador pueda ser algo tan común como una alarma en el móvil o un recurso tan trivial como un pósit, su papel es decisivo. Es una pieza fundamental a la hora de acortar la distancia que al principio te separa del hábito, que a veces puede ser considerable. Por eso, como veremos más adelante, tendrás que identificar el más adecuado, hacer que actúe cuando te interese y comprobar si hace bien su trabajo.

La primera vez que oí hablar de estas señales apenas les di importancia. Incluso llegué a verlas como algo innecesario. Pensaba que, si tenía motivos sólidos para adquirir un hábito, no necesitaba que nada me lo recordara. Estaba totalmente equivocado.

Al empezar un hábito sientes entusiasmo y expectación, y dado que la Motivación está a flor de piel, casi no existe riesgo de olvidarlo. Pero luego llega la actividad cotidiana, las prisas y urgencias, las distracciones, las tentaciones... Todo eso merma nuestra capacidad de recordar algo que aún no ha calado en el subconsciente. Y ahí entra en juego el Activador. Pase lo que pase, independientemente de qué estés haciendo o de cuándo lo hagas, el Activador se encargará de recordarte la práctica del hábito.

Repetición: lo que hace que el hábito se pegue

Junto con la Recompensa, la práctica reiterada es lo que más contribuye a que el hábito se pegue a ti. Podríamos decir que es el adhesivo o la cola que lo logra. Ese gota a gota provoca que el hábito empiece a echar raíces, cale en tu interior y complete su evolución hasta convertirse en algo duradero.

Cada hábito tiene una Repetición concreta, si bien hay algunos gestos que, como veremos, se dan de forma ocasional, sin seguir una cadencia fija. Pero la mayoría de ellos tienen una Frecuencia que conocerás y seguirás. Algunos los practicarás cada semana, otros a diario e incluso otros los repetirás varias veces al día. En ocasiones, tú mismo fijarás esa Frecuencia y en otras la definirá la propia actividad. También lo veremos.

Sin embargo, el papel de la Repetición no es solo hacer de «encolador del hábito». A medida que la práctica se sume a la Frecuencia, los efectos del hábito irán creciendo y te dará más que cuando empezaste. Es decir, la Recompensa se amplificará. Veamos esto con dos ejemplos:

Imagina que salgo a caminar un día durante una hora. Aunque esa actividad es beneficiosa, a medio y largo plazo no tiene efecto alguno en mí. Pero si repito esos paseos durante un año, su impacto en mi bienestar será gigantesco y empezaré a notarlo desde las primeras semanas.

Si antes de realizar una tarea importante elimino las distracciones (correo, móvil, etc.), la haré bien y en menos tiempo, pero el beneficio no irá más allá de ese día y de ese momento. Ahora bien, si repito esa rutina durante tres o cuatro meses la calidad de mi trabajo y mi efectividad se dispararán. Y lo veré desde la primera semana.

En definitiva, la Repetición hace las veces de cemento que solidifica el hábito, pero a la vez amplifica los beneficios de lo que repites. Por eso es tan increíble.

¿Cuánto hay que repetir un hábito para adquirirlo?

Durante todos estos años trabajando con Hábitos y personas, hay dos preguntas que me han repetido hasta la saciedad: «¿Cuánto tiempo tengo que repetir un hábito para adquirirlo?», «¿Es cierto lo de los veintiún días de repetición?».

Quizá hayas leído u oído esta especie de regla que asegura que, si repites algo durante veintiún días, puedes asumir que has adquirido el hábito. Es una creencia muy extendida, pero errónea.

Ese número tan concreto de días partió de los trabajos del doctor Maxwell Maltz (1899-1975), un cirujano plástico que se refirió a esas tres semanas como el periodo de tiempo que necesitaban sus pacientes para asumir sus cambios físicos.* La idea de los veintiún días se ha repetido tanto (en especial por internet) que la mayoría de la gente cree que, si la cumples a rajatabla, no puedes fallar. Y no es así en absoluto.

El tiempo requerido para que se quede un hábito depende de cuatro factores:

* Maxwell Maltz, *Psico-cibernética*, 1960.

1. **El tipo de hábito y su dificultad.** No es igual poner en marcha un microhábito que uno de mayor calado, como un Superhábito. Por ejemplo, es probable que me cueste menos acostumbrarme a trabajar con algo al lado para tomar notas que ignorar el móvil cuando necesito centrarme en una tarea cognitiva.

2. **Los antecedentes o familiaridad.** No es lo mismo partir de cero que haber practicado el hábito con anterioridad. Por ejemplo, retomar el gimnasio tres días a la semana (algo que había estado haciendo durante meses) quizá requiera menos tiempo que si parto de una situación de absoluta inactividad y sedentarismo.

3. **La implicación y los motivos.** Iniciar un hábito por interés o curiosidad no es lo mismo que hacerlo movido por motivos personales fuertes. Por ejemplo, cambiar mis hábitos alimenticios a causa de un problema grave de salud puede costarme menos que si lo hago por probar una nueva dieta que he visto en YouTube.

4. **Las resistencias y los obstáculos.** Si el nuevo hábito es contrario a otro que me acompaña desde hace muchos años, seguramente tardaré más tiempo o me será más difícil asentarlo. Por ejemplo, el Superhábito de desconectar una hora al día me costó más que otros, sin duda debido a mi anterior apego y pasión por la tecnología.

En resumen, no existe una regla fija. Cada persona es distinta, y cada hábito también. Cada nuevo cambio te llevará el tiempo que necesite. Si al final lo conviertes en algo duradero y termina formando parte de tu red, todo eso da igual.

No hemos buceado en el hábito para hacer un análisis teórico. Conocer su ciclo y los distintos elementos que lo forman te ayudará a ponerlo en marcha con las ideas claras, siguiendo un plan definido. Después, cuando el hábito comience a rodar, podrás medir su evolución y resultados, y corregir los errores o posibles tropiezos que puedan surgir.

5

La trampa de la falsa Motivación

Levanta la mano si alguna vez has intentado poner en práctica un hábito o un cambio personal y has terminado por abandonarlo. No puedo verte, claro, pero es probable que, como yo, hayas alzado el brazo. La inmensa mayoría de nosotros hemos pasado por eso.

Aunque en el próximo capítulo profundizaremos en las causas que subyacen tras los Hábitos pasajeros, vamos a adelantarnos un poco y a abordar una de las más extendidas: la falsa Motivación.

En esencia, consiste en poner en práctica un hábito impulsado por motivos de poco peso o incluso por motivos ajenos a nosotros. Digo abiertamente que busco un cambio, que tengo razones para desearlo y que quiero ponerlo en marcha. Y lo hago. Pero como esa Motivación no tiene el fondo suficiente para continuar y repetirse, el hábito termina por desaparecer después de un tiempo.

Esa falsa (vacía) Motivación suele tener su origen en algo que, por mi trabajo, he comprobado que ha crecido en los últimos años: probar Hábitos por probar, por curiosidad o movido por mi avidez de nuevas experiencias. Y esto, que de primeras no tiene nada de malo, a la postre se ha convertido en una trampa en la que muchas personas caen una y otra vez.

Hay motivos, pero ¿son los míos?

De un tiempo a esta parte hemos asistido a una explosión del mundo de los Hábitos. Un número inagotable de asesores personales, coaches, bloggers, youtubers, instagramers, comunicadores y personas anónimas utilizamos internet y las redes sociales para recomendar buenos Hábitos. En mi caso, son mayoritariamente para gestionar el tiempo y trabajar de forma inteligente con menos estrés. Otras muchas personas hacen lo propio en distintas áreas: hacer ejercicio, mantener una alimentación sana, ordenar la casa, conseguir el bienestar personal, organizar las finanzas y un largo etcétera.

Y detrás de este tsunami de información se esconde la trampa de la que te hablo. Es bastante fácil dejarse seducir por algunas de las promesas de los comunicadores (o del hábito), y terminar poniendo en marcha algo que, en realidad, no necesitas o no va contigo. No es la inconsciencia o la superficialidad lo que está detrás de eso, sino la poderosa acción de nuestra curiosidad, una fuerza que a veces es incontrolable para el ser humano.

En un determinado momento descubres un hábito y enseguida despierta tu curiosidad. Lo que oyes te suena a gloria y todo pinta de maravilla, bien por lo que promete o porque es novedoso.

O por las dos cosas. La visión del hábito es irresistible, y las ganas de probar y tu afán por mejorar se ocupan del resto. Al final, empiezas a practicar algo que tiene muchas papeletas de quedarse por el camino (hábito pasajero).

Que el hábito o las palabras de quien lo presenta resuenen con un cierto deseo o interés de cambio, no los convierte en *mis* motivos. Confundimos el interés–curiosidad (que suele generar deseo) con necesidades–prioridades (de los que efectivamente nace la Motivación que buscamos). Y soy el primero que ha confundido eso. Más de una vez me he visto sumando Hábitos impulsado por unos motivos que no eran del todo míos. Me ocurrió hace años, cuando, por curiosidad, puse en marcha mi (frustrado) hábito de meditar.

Es cierto que a la hora de adquirir rutinas sencillas o microhábitos, no tiene mayor trascendencia si la Motivación es real o falsa. También puedes optar por incorporar Hábitos sin motivos (o sin que sean de peso), solo por interés, o sí, por simple curiosidad. Al final, cada cual decide el porqué de sus Hábitos.

Pero, sin duda, tengo que recomendarte que definas bien esa Motivación, y que te asegures de que sea de peso. ¿Por qué? Primero, porque lo contrario suele conducir al constante «pruebo y abandono», y no creo que quieras llenar tu vida o tu trabajo de experimentos fallidos. Y segundo, porque los cambios profundos (como los Superhábitos) se suelen encontrar con considerables resistencias que hay que salvar. Y aun cuando aprenderemos a hacerlo, es más fácil superarlas cuando los motivos que te impulsan son con mayúsculas. Fíjate:

- A veces, el cambio que se introduce choca con malos Hábitos previos que ofrecen una fuerte oposición («Estoy reduciendo el consumo de alcohol y de comida basura. Llevo tantos años con todo eso que me cuesta un montón. Pero ahora la salud es mi prioridad, y poco a poco lo estoy consiguiendo»).

- Nuestra naturaleza o ciertas resistencias internas complican el proceso («Tiendo de forma natural a retrasar las tareas. Lo he hecho durante toda mi vida. Pero ahora mi trabajo es muy importante para mí, así que tengo que mejorar en esto. Y sí, ya noto los avances»).

- En ocasiones, el entorno y las personas que te rodean están en la columna del «Debe» del hábito («En mi grupo de amigos, nadie hace ejercicio. En general, no les va mal del todo. Pero mi caso es diferente. Tengo mis motivos y me estoy enganchando a lo de salir a correr»).

¿Mis motivos son claros y reales?

Por supuesto, ni tú ni yo queremos caer en la Motivación de poco peso, y existe una forma de evitarla. Consiste en hacer un ejercicio que tanto a mí como a las personas que he asesorado siempre nos ha funcionado muy bien. Aportará claridad a tus ideas y te ofrecerá una Motivación más perfilada y rotunda. Por su valor, te animo a hacerlo *siempre* que vayas a poner un hábito en marcha. (Si vas a enseñar a otra persona a adquirir Hábitos, insístele en la importancia de hacerlo).

El ejercicio consta de una serie de preguntas respecto al hábito que te planteas incorporar. No son complicadas, pero para que el ejercicio funcione debes responder con franqueza y evitar caer en tópicos generales («Me vendrá bien», «Realmente lo quiero», «Lo necesito», y cosas así).

¿Qué necesidad quiero cubrir y qué gano?

¿Para qué quiero ese nuevo hábito? ¿Cuál es su propósito? ¿Qué Recompensa pretendo ganar? ¿Cuál es su beneficio directo (para mí o para otra persona)? ¿Qué me pasará si no lo incorporo? ¿Lo que voy a ganar merece la inversión de tiempo y atención? Sinceramente, ¿quiero adquirir este hábito?

¿Cómo encaja este hábito con el resto?

Este nuevo hábito, ¿tiene afinidad con otras rutinas que ya sigo? ¿Me aportará algo, como los demás? ¿Qué me ofrecerá en mi trabajo, respecto a mis prioridades o al estilo de vida que quiero llevar? ¿Me acercará a lo que quiero ser o conseguir? ¿Hará que mi red crezca y sea más sólida?

Para darte una referencia de cómo resolver este ejercicio nos vamos a fijar en el ejemplo de Jaime, el responsable de un equipo de desarrollo de *software* a quien asesoré durante un tiempo. En una de nuestras sesiones, profundizamos en el hábito de planificar el trabajo al final de cada día. Este Superhábito le pareció fenomenal a Jaime, pero antes de lanzarse a bloquear tiempo en su calendario y practicarlo, se sentó con calma, tomó una libreta y, tras plantearse las preguntas durante un rato, respondió de esta manera:

¿Qué necesidad quiero cubrir y qué gano?

«Necesito corregir un problema que cada vez me afecta más: la falta de anticipación y de control en mi trabajo. Sobre todo, en la actividad diaria de mi equipo. Cada vez improviso más y se me escapan más detalles de nuestros proyectos. Tampoco controlo bien las fechas, y los plazos se me echan encima. Sin el hábito de planificar el trabajo al final de cada día, creo que los problemas irán a más y no quiero eso. Necesito seguir creciendo como profesional».

¿Cómo encaja este hábito con el resto?

«Planificar al final de cada día está en la línea del cambio productivo que busco en mi trabajo: quiero ser más previsor, anticiparme a los problemas y gestionar mejor al equipo. No quiero que mi desorganización les genere tanto estrés. Encaja con otro hábito que llevo practicando desde hace más de un mes: asignar fechas límite a todas las tareas que voy anotando. Si las planifico el día anterior, puedo revisar esas fechas puntualmente, estimar mejor los plazos y empezar las tareas con más margen. Creo que ambos Hábitos van de la mano».

Como ves, las respuestas de Jaime fueron muy concretas y bastante detalladas. Eso es decisivo para que este ejercicio te permita definir tu Motivación. A riesgo de resultar reiterativo —y porque durante estos años he visto muchas respuestas a estas preguntas—, quería resaltar la importancia de no caer en generalidades. (Si vas a ayudar a alguien a hacer el ejercicio, como por ejemplo a tu hijo, insístele del mismo modo).

Practica, define tus motivos

Aprovechando la inercia de lo que acabamos de ver, si puedes, te invito a que hagas el ejercicio ahora. Y si en este momento no tienes tiempo o prefieres dejarlo para más adelante, te animo a hacerlo lo antes posible. Es importante fijar estas ideas y ponerlas por escrito antes de seguir avanzando.

Elige un hábito que hayas introducido hace poco u otro que pienses incorporar, y a continuación pásalo por el filtro de las preguntas anteriores. Tómate tu tiempo para contestar y pon las respuestas por escrito en una hoja o en una libreta. Pero no la pierdas de vista; ten las respuestas a mano porque más adelante volveremos sobre ellas para trabajar los siguientes pasos del método.

6

Y de repente el hábito se rompe

«Al principio el hábito funcionó, pero después de un tiempo lo dejé». ¿Te suena esta frase? Es algo de lo que yo me he quejado más de una vez y que he oído de boca de otras personas. Unas cuantas veces.

Asentar Hábitos no es uno de nuestros puntos fuertes, aunque no debería ser así. Si realmente deseamos ese cambio no tendría que costar tanto asimilar el hábito, ¿verdad? Bueno, no es tan simple. Los Hábitos se pierden por motivos que a veces se nos escapan, y que veremos a continuación. Pero quiero adelantarte el origen de muchos problemas: la impaciencia.

Repetición insuficiente por impaciencia y prisas

Vivimos en un mundo donde prima lo instantáneo, un mundo en el que detestamos esperar y mandan los atajos. Buscamos resultados inmediatos, y hasta las cosas importantes las hacemos a la carrera y sin un plan. El «quiero eso y lo quiero ya» ha calado en nuestra forma de ser. Con esta vida apresurada e impaciente no debería extrañarnos que alguien se desespere por que un hábito no funcione en unos días y que dé por sentado que con repetirlo unas cuantas veces ya es suficiente. Los Hábitos no funcionan así.

Para que se asiente el hábito necesita, entre otras cosas, Repetición. Y esta Repetición ha de ser paciente, sistemática e infatigable. Cada hábito–persona requiere frecuencias–repeticiones distintas, pero si tuviera que darte una única pauta sería esta: repite, repite y repite. Y cuando creas que has repetido lo suficiente: repite, repite y repite. Es algo que no dejaré de recordarte. No te interesa sumar Hábitos sujetos con alfileres, sino sustentados en pilares robustos.

Pero la única razón no es la falta de Repetición por impaciencia. Detrás del «no ha funcionado» hay una serie de errores que debes tener muy presentes, pues son en los que caemos con mayor frecuencia, en especial al dar los primeros pasos. Identificarlos y conocer qué hay detrás de ellos es fundamental antes de ponerte a construir tu hábito. (A título personal, debo confesar que he caído en todos y cada uno de los que vamos a ver. Y en alguno más).

Puesta en marcha de demasiados Hábitos a la vez

Ana Isabel era la responsable de una oficina bancaria con la que trabajé una temporada. Tras descubrir algunos Hábitos productivos que le «encantaron», decidió que había llegado el momento de poner al día su forma de trabajar. Su entusiasmo hizo el resto, y puso en marcha media docena de cambios simultáneos que, poco a poco, fueron cayendo como fruta madura.

El exceso de confianza («yo puedo con todo») o una visión demasiado optimista de lo que hay por delante, a menudo lleva a ese aluvión de Hábitos que suele condenar a la mayoría. Al iniciar un cambio personal, hay que ser prudente y paciente, y eso no está reñido con la pasión y la ambición por transformarse. Puedes cambiar a lo grande, pero seguramente no en el tiempo que crees al principio.

No es que Ana Isabel no fuera capaz de asimilar seis, quince o treinta Hábitos —el número es lo de menos—, sino que subestimó el «coste de mantenimiento» de todos ellos juntos. Todos los Hábitos demandan una porción de tu tiempo y de tu atención, no tanto al principio como después, durante la práctica y el seguimiento. Si bien en el caso de los microhábitos o los gestos sencillos lo que piden es inapreciable, se nota más cuando el cambio o la actividad es mayor.

El tiempo y la atención que implica arrancar y rodar *un único* hábito se suma a todo lo que ya gestionas: reuniones, correo, proyectos, clientes, urgencias, familia, vida personal... Todo eso se lleva una importante cuota de tu día. Si decides poner en marcha tres, cuatro o más Hábitos a la vez, te costará repartirte, y tu tiempo y tu atención se irán diluyendo.

No pretendo exagerar y plantear el desarrollo de Hábitos como si empezaras un nuevo trabajo en turno de noche, pero si lo quieres hacer bien mi recomendación es que te centres en uno cada vez (algo que yo no hice cuando empecé y que pronto me pasó factura).

Acentuada dependencia de un mal hábito anterior

Hay ciertos Hábitos cuyas raíces están muy dentro de nosotros. Y no solo porque lleven ahí mucho tiempo, sino porque se han fortalecido a base de dopamina. Quizá hayas oído hablar de este neurotransmisor que se genera en el cerebro en ciertos momentos o actividades, uno de los responsables de hacernos sentir bien (satisfacción, bienestar...), para simplificar la explicación.

Juan Carlos es un investigador que acudió a mí buscando «más tiempo». Tras analizar sus costumbres, se dio cuenta de la cantidad de horas que pasaba en LinkedIn y Twitter. Utilizaba estas redes por trabajo: publicaciones, investigadores a los que seguía, vídeos con demostraciones, etc. Su presencia en esas redes implicaba el intercambio permanente de mensajes, la consulta frecuente de sus grupos, publicar novedades constantes en su *timeline* y toneladas de notificaciones.

Además de disfrutar con su trabajo, cada minuto que Juan Carlos pasaba en las redes le hacía sentir bien. Con cada gesto y mensaje conectaba con personas de todo el mundo, recibía apoyo de otros investigadores y su trabajo cobraba más relevancia. Estar en esas redes le reafirmaba, y asomarse a ellas le daba un plus interior que no encontraba en otro lugar.

Pero el tiempo que pasaba ahí se disparó hasta dedicarle varias horas al día. Cuando intentó implementar un hábito que le llevó en otra dirección «fue como darse contra un muro», por utilizar sus palabras. La solución pasó por olvidarnos del nuevo hábito por un tiempo y centrarnos en desactivar el hábito anterior: hacer una limpieza de información, moderar las interacciones, eliminar las notificaciones y rebajar la actividad de forma gradual.

Falta de un plan claro y empezar el hábito a lo loco

Desarrollar Hábitos en serio no puede hacerse de cualquier manera, y mucho menos sin tener las ideas claras, solo a base de voluntad y frases motivadoras. Esto es más evidente cuando incorporas un Superhábito y tu objetivo es construir una red duradera. Necesitas concretar en qué consiste el hábito y seguir un plan que te vaya guiando. Y eso es justo lo que veremos en la siguiente parte del libro.

Julio trabajaba como directivo en una multinacional de alimentación, y durante un tiempo tuve la oportunidad de asesorarle sobre efectividad personal. Empezamos por uno de los Hábitos que más interés le despertaban: madrugar para aprovechar más el inicio del día. Quería «Dejar de ser búho para convertirme en alondra», tal como él mismo dijo. Su Motivación estaba clara y bien definida: «Quiero levantarme a las cinco de la madrugada para salir a correr y aprovechar al menos dos horas antes de ir a la oficina». ¿Qué falló en su caso? Hizo el cambio de golpe y a base de despertador. No preparó un plan ni valoró las implicaciones del cambio: hora de la cena y de acostarse, obligaciones familiares, resistencia natural del cuerpo, ciclo del sueño diferente, tener un plan de tareas preparado, etc.

Finalmente, Julio lo consiguió, y ahora los dos nos levantamos a la misma hora, pero lo logró después de trazar un plan de acción y seguir unos pasos bien marcados. En vez de hacerlo a lo loco, se dejó guiar por un GPS.

Por supuesto, no todos los Hábitos requieren un plan. Tampoco hay que irse al otro extremo y complicarlo todo en exceso. Hay rutinas ligeras y microhábitos que se pueden adquirir sin tener que seguir unos pasos pautados. Pero si algo he aprendido con los años de práctica es que la mayoría de los Hábitos tienen que empezar con un «cómo», un «cuándo» y un «cada cuánto» bien claros.

Ausencia de Motivación real o «los motivos no son míos»

Al introducir Hábitos de cierta magnitud, has de tener unos motivos claros y de peso. Además, deben ser *tus* motivos. Si carecen de consistencia, más pronto que tarde el hábito comenzará su declive: Irregularidad – Desinterés (etapa 3 del hábito pasajero), Inconstancia – Desencanto (etapa 4), y al final llegará el temido Abandono – Frustración (etapa 5).

En el capítulo anterior hemos visto en detalle la falsa Motivación, y creo que no necesitamos profundizar más, pero lo apunto de nuevo para animarte a que le prestes un extra de atención, ya que es uno de los problemas más comunes.

Descuido de otros cambios que hay detrás del nuevo hábito

En los últimos años cada vez me encuentro con más personas que han intentado implementar cambios llevados por el «Voy a probar... Total, ¿qué puedo perder?». Con la creciente popularidad de los Hábitos en internet se han disparado las nuevas tendencias y modas que ya cuentan con miles de seguidores y fans: planes de alimentación (dietas), sistemas de organización, fórmulas de gestión del tiempo, rutinas de sueño y un sinfín de sugerentes propuestas. Sin entrar a valorar su efectividad, el problema es que en muchas personas despiertan el deseo de probar Hábitos sin que se paren a considerar otros cambios que a menudo conllevan.

Almudena fue una cliente mía que cambió todo su sistema de organización a un Bullet Journal* porque en YouTube una persona aseguraba que era la solución definitiva. En aquel momento tenía algún que otro problema con su sistema anterior, así que su subconsciente estaba abierto a nuevas propuestas. Lo que vio en aquellos vídeos le pareció más visual, llamativo y moderno y, de forma comprensible, se dejó llevar. El nuevo hábito supuso un vuelco en su forma de organizarse, con varios cambios intermedios y una transición entre sistemas que implicó muchas horas robadas a su tiempo libre. La suma de todos esos cambios le provocó tal alteración tanto a ella como en su trabajo que terminó

---

* Bullet Journal es un método de organización personal de actividades, notas y tareas realizado con una libreta y un bolígrafo como herramientas básicas.

abandonando el nuevo sistema al mes siguiente. El cambio le salió caro.

Almudena no subestimó el nuevo hábito ni cayó en la falsa Motivación. Más bien pasó por alto los efectos que tendría en sus otras rutinas (en este caso, daños colaterales). Y es que la mayoría de los Hábitos van más allá de su titular, y tienen más de lo que se aprecia en la superficie.

De modo que antes del «¿Qué puedo perder?» quizá debería plantearme las siguientes preguntas: «¿Qué requiere este hábito?», «¿Qué cambios secundarios conlleva?», «¿Tendrá impacto en alguna de mis actuales rutinas?», «¿Vale la pena el esfuerzo solo por probar?».

INDEFINICIÓN Y POCA CONCRECIÓN DEL HÁBITO

Imagina que me propongo lo siguiente: «Aprovechar bien el tiempo y no distraerme». Suena la mar de bien, ¿verdad? Pero en el fondo ¿qué significa? ¿Cómo y en qué se va a traducir eso? ¿Qué gestos o cambios concretos voy a introducir? Quedarse en la definición general del hábito es el primer paso para empezarlo mal o incluso no llegar a arrancarlo.

Ángela es socia en un estudio de arquitectura. Siempre había querido organizarse mejor, pero nunca se había puesto en serio. Así que acudió a mí para encontrar soluciones. Una de las primeras cosas que le pedí fue que definiera con precisión cuál era la «organización» que buscaba. La animé a que dejara de pensar en eso como una idea general y que la concretara, que la desmenuzara en detalles muy específicos que pudiera aplicar en su día a día.

Tras darle algunas pautas adicionales, se sentó frente a una hoja de papel y lo concretó de esta manera:

- Centralizar mis tareas en una sola herramienta. Poner todo lo que tengo que hacer (del estudio y de casa) en un solo lugar. En mi caso, en una aplicación.

- Trabajar asignando fechas. Empezar a poner plazos a todo lo que tengo pendiente y a las tareas nuevas que vayan llegando.

- Eliminar flecos y terminar las tareas pendientes. Repasar diaria y semanalmente qué tareas he empezado y no he terminado. Ver cómo puedo cerrar los frentes que tengo abiertos.

- Centralizar la información. Poner toda mi documentación del estudio, proyectos y clientes en nuestro disco duro online.

- Hacer una revisión regular. Establecer un momento al final del día para repasar las tareas en curso y otro adicional a la semana para repasar con mis socios todos nuestros proyectos.

Para cada persona, esa «organización» puede significar cosas distintas, pero para Ángela fue todo eso. Lo definió bien y lo especificó lo suficiente como para elaborar un plan de acción. Con él empezó a progresar y comenzó a darse el cambio.

Por resumir en titulares los siete errores que acabamos de ver, serían los siguientes:

1. Repetición insuficiente por impaciencia y prisas.

2. Puesta en marcha de demasiados Hábitos a la vez.

3. Acentuada dependencia de un mal hábito anterior.

4. Falta de un plan claro y empezar el hábito a lo loco.

5. Ausencia de Motivación real o «los motivos no son míos».

6. Descuido de otros cambios que hay detrás del nuevo hábito.

7. Indefinición y poca concreción del hábito.

Hay más errores por los que un hábito no termina de arraigar, y los iremos viendo a medida que avancemos, pero quería que comentáramos estos siete cuanto antes, puesto que la mayoría se suelen presentar al empezar el hábito. Y estamos a punto de ponerlo en marcha.

7

Crear una Mentalidad de Cambio

Introducir un nuevo hábito no es demasiado complicado. Hacer que llegue a funcionar tampoco cuesta tanto. Pero lograr que se quede contigo ya es otra cosa. Y ahí es donde la inmensa mayoría tropezamos.

Conseguir el cambio depende mucho de que te dejes guiar por un plan de acción y de seguir unos pasos bien definidos, pero también de tu forma de entenderlo, de tu estilo a la hora de enfocarlo, de tu mentalidad. Por eso, ahora que estamos a punto de empezar a trabajar nuestro método, quería compartir contigo lo que llamo mi «Mentalidad de Cambio».

Son una serie de ideas sobre las que he sustentado todo mi cambio personal, y que desde hace más de quince años he transmitido a miles de personas. Mi «Mentalidad de Cambio» está compuesta por siete ideas maestras que pretenden conseguir la actitud y el enfoque idóneo para crear Hábitos y tener éxito donde antes se ha fallado.

Dado que todas irán apareciendo de aquí al final del libro

—y en especial a lo largo del método y sus diferentes pasos—, quería presentártelas para que las fueras conociendo (o para que puedas trabajarlas con la persona a la que vayas a ayudar en su propio cambio).

Idea n.º 1: «Añade los Hábitos de uno en uno»

Evita los cambios simultáneos y céntrate en un solo hábito nuevo. Dedícale un esfuerzo intencionado e inteligente.

Hay dos problemas que afectan a cada vez más personas y que van en contra de tu capacidad para asentar Hábitos: la saturación y la dispersión. Queremos abarcar demasiado y hacemos demasiado. Manejamos muchos proyectos, actividades, compromisos, tenemos agendas repletas y la actividad en el mundo digital crece sin parar. Esta masificación condiciona nuestras vidas, y una de sus mayores consecuencias es la pérdida de foco.

Cada cosa que añades a tu mochila personal hace que tu capacidad para centrarte se difumine más. Y con tus Hábitos ocurre lo mismo. Salvo que se trate de un gesto sencillo o un micro-hábito, crear y asentar Hábitos exige tiempo y atención. Más cambios nuevos simultáneos implica más dispersión y menos detalle. Enfócate en un nuevo hábito a la vez.

«Quiero empezar a construir mi red con dos Hábitos de efectividad personal. Los necesito por mi trabajo y tengo claro lo que me van a aportar. Empezaré por dedicar una hora diaria a mis tareas de calidad. Cuando ese hábito esté bien asentado, seguiré con el otro: establecer un plan diario para las tareas que retraso y así dejar de procrastinar tanto. Y si en el futuro añado más, seguiré de uno en uno».

Idea n.º 2: «La indefinición es la antesala del no-cambio»

Para que se dé el cambio, debes definirlo con claridad. Concrétalo en detalles específicos y evita las ambigüedades. Si no lo haces, siempre lo procrastinarás.

A la hora de construir Hábitos, la falta de concreción y la poca claridad son devastadoras. Esta indefinición empieza muchas veces con nuestra forma de hablar (o de pensar). Expresiones como «Tengo que mejorar en esto», «A ver si encuentro un hueco» o «Lo haré más adelante» solo contribuyen a desear un cambio que nunca llega.

Tanto al definir lo que quieres o para qué lo quieres como al marcar cómo lo harás tienes que ser claro y rotundo. Descompón el cambio en pasos específicos y claros. Sobre todo, marca un momento o fecha para empezar. De lo contrario, nunca pasará de ser un deseo frustrado.

«Necesito tomarme en serio la puntualidad. Me está afectando y no puedo permitirlo. A partir de ahora intentaré ser todo lo puntual que pueda».

«La impuntualidad cada vez me afecta más, sobre todo en el trabajo. Tengo que cambiar y empiezo hoy mismo. Lo primero es hacer un pequeño análisis personal: qué significa realmente (en mi caso) ser puntual/impuntual, en qué situaciones tiendo a retrasarme más, qué me lleva a eso, por qué motivos no lo he corregido hasta ahora. Si trabajo todo eso primero, creo que tendré más claro por dónde empezar y cómo mejorarlo».

Idea n.º 3: «Piensa en forma de acciones, no de deseos»

Las acciones, no los deseos, son las que hacen que cambies. Saca el hábito de la cabeza y tradúcelo a gestos concretos que te sirvan en la vida real.

Las personas estamos programadas para desear, y nos encanta recrearnos con esos pensamientos. El problema es que mucha gente no abandona la fase del «tengo que», «debería» o «a ver si». Las intenciones y los deseos no son más que pelotas que no paran de rebotar en la cabeza y de repetirse en un eco interminable.

Por supuesto, muchas acciones nacen de un deseo, pero hay que hacerlo aterrizar. Si de verdad quieres adquirir ese hábito, debes liberarlo de tus pensamientos y traducirlo en gestos y acciones concretas. Para conseguirlo, pregúntate: «¿Qué tengo que hacer (o qué tiene que pasar) para que este hábito salte a la vida real?».

«Quiero empezar a hacer ejercicio de forma regular. Lo abandoné hace años y ahora veo que lo necesito. Bien, vale, pero ¿cómo lo haré?, ¿qué pasos debo dar? Ese ejercicio se puede hacer de muchas maneras o de ninguna. Lo mejor es hacer un pequeño esquema en una hoja y anotar las dos, cinco o diez acciones que voy a poner en marcha para empezar».

Nota: Esta idea tiene una fuerte conexión con la n.º 2, van de la mano.

Idea n.º 4: «Cambia a lo grande, pero avanza en pequeño»

Sé ambicioso con tu transformación personal pero sencillo en la forma de hacerlo. Construye tus Hábitos con pasos pequeños y graduales.

Al empezar, no intentes comerte el mundo y cambiar de la noche a la mañana. Lograr Hábitos duraderos no es cuestión de valentonadas, sino de progresar y asentar de manera constante.

Aunque te sepan a poco, busca las pequeñas victorias y avances. En el mundo de los Hábitos, la palabra «pequeño» tiene un significado distinto; quiere decir «hacia delante».

Tanto si persigues una mejora concreta como un cambio total, céntrate en empezar en pequeño y empéñate en avanzar de ese modo. Te permitirá hacerlo con menor esfuerzo, tus progresos asentarán mejor y no encontrarás tanta resistencia a tu paso. Es más importante comprobar si avanzas que preocuparte por cuánto. Incluso los Superhábitos más potentes se construyen mejor si lo haces gota a gota.

«Quiero acostumbrarme a madrugar para aprovechar el día. Lo haré así: durante dos semanas, me levantaré diez minutos antes de mi hora habitual. Cuando mi cuerpo se haya acostumbrado, adelantaré la alarma otros diez minutos durante otras dos o tres semanas y así progresivamente hasta llegar a las cinco y media, la hora que me he marcado».

Idea n.º 5: «Para avanzar, hay que revisar cómo lo haces»

No puedes asentar un cambio si no sabes cómo vas. Revisa el hábito para comprenderlo mejor y realizar las correcciones oportunas a medida que avanzas.

Avanzar no solo consiste en progresar o ir en una dirección, sino también en ver cómo lo estás haciendo. No te limites a dar un paso tras otro. Revisa qué haces y cómo lo haces. Cuando asientas un nuevo hábito —en especial si te encuentras con bloqueos—, necesitas pararte, observar y analizar.

Evaluar y seguir la pista a tu hábito te ayudará a medir tus progresos, identificar errores o nuevas dificultades y hacer los ajustes necesarios para que se quede. Detrás de cada paso del camino siempre encontrarás lecciones esperándote.

«Al terminar el día de trabajo, mientras ordeno mi mesa y guardo las cosas, evalúo qué tal van los dos hábitos de productividad que tengo en marcha. Uno lo llevo repitiendo desde hace dos meses (asegurar cada día tres tareas clave de mis proyectos) y otro lo acabo de empezar (repasar las tareas delegadas que me han pedido otras personas). Esos cinco minutos de revisión me ayudan a comprobar si lo cumplo, pero sobre todo a ver cómo lo estoy haciendo».

Idea n.º 6: «No importa el fallo, sino que lo corrijas»

El hábito no crece con desesperación, crece con acciones. Tras el fallo, desactiva la frustración y céntrate en lo próximo que harás.

Construir Hábitos duraderos no consiste en sacar la mejor nota de la clase, sino en ir asentando unos aspectos, reforzando otros y corrigiendo bastantes más. Si tropiezas y te caes, enfócate inmediatamente en lo próximo que vas a hacer.

En un proceso de cambio personal, los tropiezos son tan comunes como los avances. Tarde o temprano tendrás un descuido, se te olvidará algo o alguna distracción te disuadirá de repetir el hábito. Acéptalo con naturalidad, pero actúa cuanto antes. Preguntarte «¿qué ha fallado?» te ayudará a cortar los lamentos y neutralizar la situación con acciones.

«Me había propuesto limitar el tiempo diario de consumo de internet, sobre todo de YouTube y Netflix, pero no estoy siendo constante. Verme fallar me desanima, pero quiero mejorar en esto, necesito ese tiempo extra para otras tareas. Voy a poner un temporizador en el móvil para marcar la hora de inicio y final del consumo de vídeos online».

Idea n.º 7: «Más que añadir Hábitos, céntrate en asentarlos»

La mejora personal no consiste en acumular Hábitos, sino en conseguir que los que tienes cuenten con unas raíces más profundas.

Esfuérzate en consolidar los Hábitos que ya tienes, sobre todo en los nuevos. Ten paciencia y busca reforzar y repetir. La frecuencia y la regularidad insistente es vital para que el hábito deje de ser temporal y se convierta en duradero.

Evita las carreras; son enemigas de los Hábitos. Elude también las ansias por sumar cambios. Hay tiempo de sobra para mejorar, y tu red seguirá creciendo con nuevos Hábitos, pero no antes de que el actual se haya pegado a ti de verdad.

«Parece que por fin me he acostumbrado a preparar con tiempo las reuniones de trabajo. Cada vez me salen mejor. Llevo repitiendo la misma rutina desde hace dos semanas y los resultados son muy buenos. Pero antes de pasar a otro hábito que tengo en mente, voy a darme un par de semanas más. Dependo de las reuniones y quiero asegurarme de que esto lo hago bien».

Acabamos de ver siete ideas maestras para lograr un cambio con mayúsculas. Aunque todavía no las conozcas en detalle —solo me he limitado a presentártelas—, era importante aterrizar sobre ellas cuanto antes. Con estas coordenadas de partida podrás empezar a moldear la mejor mentalidad a la hora de crear Hábitos duraderos. Y eso es justo lo que nos disponemos a hacer en la siguiente parte.

Ejercicio práctico
¿Qué ha fallado?

Ahora ya sabes cómo es un hábito por dentro, qué camino recorre hasta formarse y cuáles son los elementos necesarios para que arraigue. Ya has descubierto cómo conseguir una buena mentalidad y actitud para cambiar. También conoces los errores más comunes al empezar. Por lo tanto, es un buen momento para hacer una pausa en la lectura y practicar con un ejercicio.

Cuando inicié mi cambio personal cometí toda clase de errores, pero hubo un detalle en el que acerté, algo que, sin duda, ha contribuido a que mi Red de Hábitos creciera en la dirección correcta y con la fuerza que lo ha hecho. Y ese detalle fue preguntarme: «¿Qué ha fallado?». Tras cada nuevo revés, tropezón o caída, fui capaz de sacudirme la desilusión y encontrar respuestas antes de levantarme y continuar.

Pero hacer esto no es lo habitual. Muchas personas intentan poner en práctica un cambio, este no termina de cristalizar, se dan por vencidas y pasan página hasta la próxima ocasión. Si se actúa así, el aprendizaje es nulo y se fomenta la frustración, la falta de confianza. Además, se quema una tierra en la que el siguiente hábito no podrá crecer. Detente y analiza. Aunque sea mínimamente. Hacerlo no requiere tanto y a cambio vas a ganar mucho.

Y eso es lo que te invito a hacer con este ejercicio: centrarte en un hábito que intentaste en el pasado y se truncó, y dar con el motivo (o motivos) que hicieron que no se quedara contigo.

Elige un hábito que probaste y no funcionó desde el principio o uno que abandonaste pasado el tiempo. Seguidamente, contrástalo con lo que has aprendido hasta ahora y sigue las pautas que te daré a continuación.

Para resolver bien el ejercicio, reserva un tiempo generoso, o hazlo ahora, si puedes. No lo analices de cabeza, utiliza papel y bolígrafo. Puedes escribir tus conclusiones en párrafos y listas o en forma de diagrama, esquema o mapa mental, lo que te resulte más cómodo. Pero es importante que esté de tu puño y letra.

Para que des con facilidad con las posibles causas o fallos en ese hábito, fíjate sobre todo en estos puntos:

- Repasa cada elemento del ciclo de creación del hábito: Motivación (Necesidad + Recompensa), Activador y Repetición.

- Observa si hubo algo que no hiciste, cambiaste o incorporaste en tus rutinas o en tu entorno.

- Comprueba si hubo algo que no eliminaste (un gesto previo, un elemento de tu sistema de trabajo, etc.).

- Revisa los siete errores que hemos visto en el capítulo 7. ¿Has caído en alguno de ellos (o en varios)? Analízalos.

Una vez hayas identificado lo que falló, escribe un plan de acción para corregirlo (cambios, reajustes...). Aun sabiendo que hay cosas que todavía no hemos visto, pero con todo lo que sabes ya, ¿qué acciones concretas se te ocurren para rectificar eso?

Este ejercicio tiene un triple objetivo que lo hace más importante de lo que aparenta:

1. Te ayudará a familiarizarte con la esencial dinámica de revisar y evaluar. No en vano será una de las piezas clave de la fase de Rodaje. (Idea n.° 5 de la Mentalidad de Cambio: «Para avanzar, hay que revisar cómo lo haces»).

2. Te entrenará para detectar potenciales puntos débiles y pensar inmediatamente en soluciones. Otro detalle crucial en el programa de trabajo que estamos a punto de comenzar. (Idea n.° 6: «No importa el fallo, sino que lo corrijas»).

3. Te acostumbrarás a pensar en forma de acciones y cambios, algo tan decisivo en nuestro método que le dedicaremos un capítulo entero. (Idea n.° 3: «Piensa en forma de acciones, no de deseos»).

Antes de dejarte a solas con esta actividad, quiero compartir contigo el resultado del ejercicio que hice hace años, cuando me propuse un cambio que al principio no conseguí. Confío en que te sirva como orientación y te dé alguna pista adicional para practicar el tuyo.

Hábito fallido: «Tener una hora para mí»

Dedicar una hora al día para desconectar, estar a solas y disfrutar de la música de cine y la lectura, mis dos aficiones favoritas.

FALLOS DETECTADOS

1. No he hecho ningún cambio real en mi calendario. No he reservado el tiempo suficiente y lo poco que he hecho ha sido testimonial, sin una idea clara ni intención.

2. No he «defendido» mi tiempo, me he dejado llevar por nuevos compromisos del trabajo (sobre todo reuniones) y he terminado por llenar mi agenda más de lo que debería. ¿Dónde están las ganas que digo tener? ¿En serio me motiva tener esa hora?

3. No he tenido nada que me recordara que era la «hora para mí», ni una triste alarma...

4. Ha habido días en los que he alargado mi horario de trabajo (sin necesidad) y me he comido el tiempo para desco-

nectar. Me pregunto: ¿cuándo voy a empezar a priorizar lo prioritario?

PRÓXIMAS ACCIONES

1. Revisar el calendario semanal y mensual para aligerarlos al máximo: *a)* eliminar lo que ya no me aporte; y *b)* reducir al máximo citas, eventos y demás. Hay muchas cosas que no puedo cambiar/eliminar, pero otras sí, sobre todo si me lo tomo en serio.

2. No aceptar de forma impulsiva propuestas, reuniones o citas que impliquen tiempo extra fuera de mi horario, tanto si se me ocurren a mí como si me las proponen otros. No confirmaré esas nuevas citas o reuniones hasta ver cómo afectan a mi día/semana. Lo anotaré en un lugar visible de mi mesa para que no se me olvide.

3. Establecer la hora a la que termino de trabajar. Poner una alarma y ser inflexible con ella. Tengo que recordar lo que me enseñó papá: «Berto, el trabajo nunca se termina, hay que pausarlo hasta mañana. Ahora gira la llave y cierra la puerta. Mañana el trabajo te estará esperando ahí».

SEGUNDA PARTE

Arranque

ARRANQUE

✖

8

No hace falta fuerza de voluntad

Una preciosa mañana de primavera impartí en Valladolid un curso sobre Hábitos para trabajar mejor. Durante el descanso, pude charlar un poco con miembros del público y tomarme un café rápido. Cuando regresaba a la sala, oí de pasada una conversación en la que uno de los asistentes le decía a otro: «Todo esto suena muy bien, pero a mí no me funciona. Lo he intentado antes y no tengo fuerza de voluntad».

¿Cuántas veces hemos escuchado o incluso pronunciado la frase «querer es poder»? En realidad, unas cuantas. Desde pequeño me han dicho que, si querías algo y te esforzabas lo suficiente, podías conseguir casi cualquier cosa, que con determinación y fuerza de voluntad primero y con disciplina y constancia después, puedes superar retos imposibles y alcanzar cualquier meta.

Así que la lógica que seguimos muchas personas es que esa fórmula también debería aplicarse a los Hábitos. Pues no, en la mayoría no funciona. Aunque la busques debajo de las piedras, la fuerza de voluntad no siempre aparece. Muchas veces, al emprender un cambio complicado y recurrir al «querer es poder», me he encontrado con un depósito en reserva que solo me ha llegado para los primeros días.

La fórmula de la fuerza de voluntad para formar Hábitos está sobreexplotada, y en la vida real solo funciona a corto plazo. Y en el mundo de los Hábitos lo que cuenta es recorrer distancias largas que no siempre resultan cómodas.

Creer en uno mismo y repetirse «querer es poder» puede ayudar a avivar los motivos o a tener una actitud positiva. Y, por supuesto, eso no es malo. También puede dar el impulso necesario para iniciar el hábito y ponerse a caminar. Con satisfacción, comprobarás que funciona... al menos al principio. En ese momento, las ganas de mejorar y renovar Hábitos suelen suplir la falta de método o el hecho de no saber qué pasos son los correctos.

Pero la realidad es la que es, y el día a día es implacable cuando solo se alimenta de buenas intenciones. En cuanto lleguen las prisas cotidianas, cuando aparezcan las tentaciones o las distracciones y algún viejo hábito empiece a hacer de las suyas, el nuevo se irá desinflando poco a poco (recuerda las etapas del hábito pasajero). Y no importará las veces que oigas que hay que ser positivo, que repitas frases de ánimo frente al espejo o que pegues en la pared una cita que hayas visto en Instagram.

No estoy diciendo que haya que ignorar o despreciar esa fuerza de voluntad. Si la tienes, bien por ti; aprovéchala todo lo que puedas. Pero no vamos a afrontar el cambio apoyándonos solo en eso. Ya lo he intentado —y muchos otros también— y no ha funcionado. Sin otro plan, sin otro enfoque, sin otras ayudas, el resultado es casi siempre un hábito pasajero. Y, desde luego, yo no puedo ofrecerte eso.

Así que te propongo otro enfoque. Vamos a olvidarnos de temas como el autocontrol o la disciplina. Vamos a ignorar los esfuerzos titánicos, los sacrificios o las frases motivadoras. En vez de centrarnos en luchar contra nosotros o contra el hábito, vamos a recurrir a aquello que hace que ocurra. En lugar de «superar barreras», veamos cómo reducir su altura. En vez de afrontar el cambio en solitario («Yo puedo con todo»), busquemos apoyo en aquello que lo facilita.

Todo esto lo vamos a concretar en dos líneas complementarias que nos acompañarán en todo nuestro método de trabajo: buscar la ayuda de ciertos aliados, y actuar sobre los enemigos para desactivarlos.

Aliados: el trampolín para el hábito duradero

Uno de los principales motivos por los que caemos en un mal hábito es porque nos proporciona una satisfacción inmediata. Eso nos lleva a buscarlo y repetirlo de forma instintiva. Pero hay otra razón que muchas veces tiene más peso: el mal hábito es cómodo, accesible y fácil (o hacemos que sea fácil). Practicar un mal hábito no cuesta.

¿Y si hiciéramos lo mismo con un hábito positivo que queramos poner en marcha?

Cuando te encuentras en la línea de salida, el hábito solo es un deseo, un objetivo que, de momento, está lejos. Al iniciar la marcha, aterriza en su terreno natural: la vida real. Y ahí entran en juego los aliados, elementos y recursos que nos ayudan a iniciar el hábito pero, sobre todo, a mantenerlo (recalco) en la vida real. Su tarea es facilitar la práctica de algo que aún no nos es familiar y contribuir a que el hábito se vaya grabando en nuestro interior.

Bueno, pues justamente arrancaremos el método con ellos. Lo primero será definir qué y cómo es el hábito que quieres implementar, cómo se concreta en acciones pequeñas y graduales, y cómo se puede marcar una cadencia de Repetición para que cale en tu subconsciente sin grandes esfuerzos ni pedir auxilio a tu disciplina.

A continuación, seguiremos simplificando el hábito con los Activadores. Recordarás su misión esencial porque los vimos al estudiar cómo se formaban los Hábitos. Como el nuevo hábito todavía no te sale solo, esas utilísimas señales te irán recordando que ha llegado el momento de practicarlo, así que nos apoyaremos mucho en ellas.

Enemigos: los mensajeros del hábito pasajero

Cuando abandonamos un hábito, solemos echar la culpa a nuestra debilidad, a un escaso autocontrol o a poca fuerza de voluntad. Y aun cuando pueden ser causas totalmente válidas, creo que el problema está más bien en los enemigos que rodean al hábito.

Cuando lo pones en marcha, pero aún no lo has adquirido, entre tú y él existe una cierta distancia (a veces muy notable).

Esa distancia se acorta con la ayuda de los aliados, pero no es suficiente. Por el camino te encontrarás obstáculos que actuarán para desviarte de tu plan, empobrecer tu Motivación o restar importancia a la Recompensa que buscas. En definitiva, todo eso complica el hábito y lo hace cuesta arriba.

Como no podemos dejar que eso pase, vamos a centrarnos en eliminar todo lo que dificulte la salida. Pero iremos más allá y actuaremos sobre las resistencias que aparecerán después, enemigos que, durante la práctica, suelen hacerte caer en la irregularidad y la inconstancia. Y todo ello lo conseguiremos sin refugiarnos ni un instante bajo nuestra fuerza de voluntad.

Un plan de trabajo claro y progresivo

Durante unos meses tuve la oportunidad de trabajar con Verónica, y la ayudé a renovar sus Hábitos de organización. En nuestra primera conversación me dejó claro que una de sus prioridades era empezar el día de forma más productiva. Quería conseguir más de sus dos primeras horas.

Para dar con la fórmula que mejor se adaptara a ella, le pedí que me describiera su rutina matinal desde que se despertaba. Y respondió de esta manera: «Correo, correo y más correo. Sé que no me conviene y que lo tengo que evitar, pero no puedo resistirme».

Lo primero que hacía al despertarse, aún en la cama y con medio ojo abierto, era consultar el correo en el móvil. Durante el desayuno leía los titulares de la prensa, pero de vez en cuando echaba de nuevo alguna ojeada al correo. Después, en el trayecto en metro de camino al trabajo, además de darse un paseo por sus redes sociales favoritas, volvía a comprobar el correo. Cuando llegaba a la oficina y se sentaba en su escritorio, la primera aplicación que abría era el correo.

¿Y qué hacía Verónica al día siguiente? Casi lo mismo. Su estrategia de cambio consistía en recordarse que tenía que evitar el correo como fuera. El sobrestimar su fuerza de voluntad y autocontrol, la falta de método y el no haber actuado sobre el mal hábito anterior (dependencia del correo), hicieron que el nuevo no tuviera la más mínima oportunidad.

Pero Verónica lo consiguió. Un mes después de nuestra primera conversación solo abría el correo tras terminar las dos tareas más importantes del día. ¿Y a qué obedeció esa conversión? ¿Es que acaso yo conozco el secreto para modificar el «gen de la disciplina»? ¿Quizá Verónica había encontrado por fin la fuerza interior que le faltaba? En absoluto. El cambio, que tanto se le resistía, llegó cuando trazamos juntos un plan con unas acciones concretas:

1. Definir de forma clara el hábito, precisando la Motivación (Necesidad + Recompensa) que hay tras él.

2. Traducir el hábito a Acciones que se puedan llevar al día a día. Procurar, además, que sean cosas pequeñas y asequibles.

3. Fijar un Momento y una Frecuencia para repetir y favorecer que el hábito empiece a pegarse poco a poco.

ARRANQUE

4. Elegir un Activador, una señal visible que actúe para recordar que es el Momento de practicar y repetir.

5. Eliminar las más que posibles Resistencias y todos los obstáculos que complican la llegada del hábito.

Y este es precisamente nuestro próximo plan de trabajo. Estos son los cinco pasos que iremos dando en los capítulos que vienen a continuación. Con cada uno iremos añadiendo una nueva capa a nuestro método, un método que, de ahora en adelante, te permitirá construir unos Hábitos que podrás poner a trabajar para ti y que, poco a poco, te irán acercando a lo que quieres.

Este es el apasionante viaje que tenemos por delante. Y lo empezamos ya.

9

Paso 1
Define bien tu hábito

Cuando empezamos algo nuevo, todos queremos iniciarlo con buen pie. Es natural. Ir en la dirección correcta, empezar con ritmo y acertar en los primeros pasos. Eso, por supuesto, no garantiza que no nos encontremos con dificultades y que todo vaya a salir bien, pero un buen comienzo siempre te pone en el camino adecuado.

En el idioma de los Hábitos, un buen comienzo implica sacarlos de la cabeza y definirlos con claridad. El hábito ha estado dando vueltas por nuestra mente y ha llegado la hora de concretarlo. Si lo desarrollas, incluso por escrito, lo verás mejor, comprenderás qué hay detrás de él y empezarás a conectar con él.

Quizá pienses que es un tanto exagerado que tengas que sentarte a poner tu hábito por escrito. A fin de cuentas, las personas adultas que queremos un cambio sabemos qué significa, qué buscamos y por qué lo hacemos. Pero, si los repasas, algunos de los errores que hemos estudiado en la parte anterior tienen su origen en la poca claridad del hábito (idea n.º 2 de la Mentalidad de Cambio: «La indefinición es la antesala del no-cambio»).

Trabajar este aspecto de tu hábito te facilitará mucho de lo que vendrá después, dado que su definición tiene una gran influencia en el resto del método y en tu forma de aplicarlo.

Al definirlo, empiezas a hacerlo tuyo

Definir y trabajar el hábito te permite familiarizarte con lo que lo rodea. Puedes fijarte en los primeros detalles, ves qué te pedirá o identificas si debes hacer algún cambio. Es cierto que hasta que no empieces a practicarlo no podrás comprender *todo* lo que hay detrás, pero definirlo como te cuento a continuación te ayudará a ver más allá de su nombre, del titular.

Tal vez hayas encontrado el hábito en un vídeo, en un artículo o en un pódcast, pero al elegirlo y pensar en él primero, y al trabajarlo y ponerlo por escrito después, lo estás llevando a tu propia vida. Empiezas a visualizarlo en tu día a día, en tu trabajo, tu casa, tu familia... De alguna manera, comienza a formar parte de ti.

Al definirlo, comienzas a pensar en acciones

Definir tu hábito y ponerlo por escrito implica ver cómo y en qué se concreta. Eso supone romper el frecuente bloqueo de los deseos y preparar el camino a las acciones que vendrán después.

Y este detalle no es uno cualquiera. No en vano es el talón de Aquiles de muchas personas que se enrocan en sus deseos y les cuesta pasar a la acción (idea n.º 3 de la Mentalidad de Cambio: «Piensa en forma de acciones, no de deseos»).

Es relativamente fácil generar prioridades o marcarse objetivos, pero luego cuesta horrores ponerse en marcha. Al final, tu hábito avanzará con acciones. Mientras que los deseos son como pelotas que rebotan en el interior de tu cabeza, las acciones se dan en la vida real. Con ellas construyes lo que quieres.

Definir consiste en marcar tres coordenadas

Definir bien el hábito no es pensar en él de forma interminable o recrearme con la Recompensa que voy a obtener. Implica sentarse a trabajarlo, traduciéndolo primero a nombres y verbos y después plasmando eso en un papel. Hay que poner negro sobre blanco. De tu puño y letra.

A la hora de definir por escrito tu nuevo hábito debes desarrollar tres apartados muy concretos que, en la práctica, harán las veces de coordenadas de partida de tu hábito y se convertirán en una referencia a la que vas a recurrir constantemente tanto en la fase de Arranque como en el Rodaje posterior.

HÁBITO = NOMBRE + NECESIDAD + RECOMPENSA

└─────── MOTIVACIÓN ───────┘

1. **Nombre.** «Titular» del cambio que quieres introducir en un área de tu vida («Mis cosas», «Mi salud», «Mi productividad», «Mi casa» u otra área que decidas). Redáctalo de forma concisa, no te extiendas mucho. Dentro de lo posible, intenta ceñirte a una línea.

2. **Necesidad.** ¿Qué hueco o vacío va a llenar el nuevo hábito? ¿Qué es lo que no tienes (o te falta) ahora y te aportará? ¿Qué área concreta de tu vida, actividad o trabajo va a mejorar? ¿Por qué ves necesario empezarlo? ¿Será algo que sume y aporte?

3. **Recompensa.** ¿Qué esperas lograr con él? En concreto ¿qué vas a ganar con esa actividad (rutina, gesto...) que hoy no tienes? ¿En qué cosas concretas te hará avanzar/crecer? ¿El beneficio que conseguirás hace que valga la pena ponerlo en marcha?

Como recordarás por lo que hemos visto en la parte anterior, la suma de los dos últimos elementos conforma el primer e imprescindible ingrediente del hábito: la Motivación, es decir, los motivos que «tirarán» de ti para ponerlo en marcha y lo que te animará a seguir practicando hasta que se asiente.

Para que tengas más claro cómo definir el hábito desarrollando estas tres coordenadas, he recopilado ejemplos de clientes que los han querido compartir con nosotros.

Daniel

HÁBITO: Preparar mis reuniones de trabajo con antelación.

NECESIDAD: Lo necesito para mi trabajo. No puedo perder el tiempo ni hacer que otros lo pierdan. En algunas reuniones no conozco los temas y objetivos a fondo y eso no me permite plantear (buenas) ideas y soluciones. Necesito preparármelas para mejorar el servicio a mis clientes. Improviso demasiado.

RECOMPENSA: Convertir mis frecuentes reuniones en algo útil de verdad. Tener reuniones más cortas y dar menos rodeos al hablar. Ganar más tiempo diario (tanto yo como mis clientes). Transmitir información e ideas claras y meditadas. Más profesionalidad y rigor en mi estilo de trabajo.

Alicia

HÁBITO: Practicar yoga a diario antes de acostarme.

NECESIDAD: Me ayudará en mi bienestar físico y mental. Quiero tener un momento para mí al final del día que me permita desconectar del trabajo, de los clientes y de las cosas de casa.

RECOMPENSA: Disfrutar de una mayor relajación y paz interior. Oxigenarme mentalmente. Cerrar bien el día y prepararme para dormir mejor.

Nicolás

HÁBITO: Hacer una pausa durante el día y meditar con ejercicios de respiración.

NECESIDAD: Lo necesito para sentirme mejor, para ser más consciente de lo que hago y del momento actual. Estoy cansado de sentirme como la marioneta de mi agenda. Voy por la vida con demasiado estrés y prisas. Quiero apaciguarme y evitar que los días pasen sin más.

RECOMPENSA: Sentirme mejor. Tener las ideas más claras. Disfrutar de las cosas que hago. Ser más consciente de mis ratos de descanso y del tiempo libre junto a la familia. Pisar un poco el freno.

Verónica

HÁBITO: Empezar a trabajar haciendo la «Roca», la tarea más importante de cada día.

NECESIDAD: Lo incorporo por mi trabajo. Aprovechar mejor el inicio del día y sacar más de mi tiempo en la oficina. Necesito rendir más sin echar más horas.

RECOMPENSA: Hacer y asegurar cuanto antes la tarea del día que me aporta mayores resultados. Sentir satisfacción y motivarme por hacer cuanto antes lo más importante. Resolver la tarea clave del día con menos distracciones (a primera hora, todo está más tranquilo).

Bernat

HÁBITO: Olvidarme del móvil al llegar a casa, sobre todo cuando esté con mis hijos.

NECESIDAD: Lo quiero hacer por mi familia y por mí. Disfrutar a fondo del (poco) tiempo de calidad que tengo con mis hijos. No atender a cosas del trabajo cuando debería estar al cien por cien con ellos. Desconectar en serio.

RECOMPENSA: Que mis hijos me vean a su lado, jugando con ellos o ayudándoles con los deberes. No tener que oír más el «Papá, deja el móvil». Disfrutar de cada minuto con ellos y de esos momentos que solo pasan una vez. En unos años, cuando crezcan, no los tendré.

Almudena

HÁBITO: Reducir el uso diario de las redes sociales.

NECESIDAD: Lo hago por gestión de mi tiempo y por salud mental. Perder menos horas en algo que, en el fondo, no me aporta tanto. Veo mucha tontería en los grupos, en las conversaciones y en la gente que sigo. Creo que me perjudica, y en el fondo no lo necesito.

RECOMPENSA: Ganar un tiempo extra que me vendrá fenomenal. En el trabajo, podré ocuparme de nuevas tareas. En mi tiempo libre, podré dedicarme a la lectura, que la tengo abandonada. También creo que me ayudará a desintoxicar la cabeza.

Ángela

HÁBITO: Terminar la semana de trabajo con una revisión de tareas.

NECESIDAD: Lo quiero hacer por trabajo. Actualmente no tengo un buen control de mis proyectos ni de parte de lo que hace el equipo. Me falta capacidad de gestión de las tareas a medio hacer y de los temas pendientes. Necesito ser más proactiva.

RECOMPENSA: Mejorar la gestión de plazos y fechas, ganar anticipación, identificar (antes) qué necesito de los demás. Tener un plan para la siguiente semana y empezar el lunes con un ritmo de trabajo y unos objetivos claros.

Defínelo por escrito, de tu puño y letra

Tal como lo han hecho ellos, te invito a que definas tu hábito. Sigue con el que has estado trabajando en los ejercicios anteriores, o bien otro que quieras incorporar próximamente. No lo hagas de cabeza o utilizando un ordenador, un portátil, una tableta o un móvil. Recupera la libreta o la hoja en la que anotaste los motivos para tu hábito.

Una parte de la definición que debes escribir ya la adelantaste en su momento («¿Qué necesidad quiero cubrir y qué gano?», «¿Cómo encaja este hábito con el resto?»). Ahora desarrolla las tres coordenadas debajo: Hábito – Necesidad – Recompensa.

ARRANQUE

Mi evidente insistencia en que hagas estos ejercicios de forma no digital se debe a que la mente trabaja mejor si el entorno es sencillo y no hay distracciones a la vista. Pero tengo otro motivo más: al escribirlo de tu puño y letra, de alguna manera estás formalizando tu compromiso con ese hábito. Es una suerte de contrato que firmáis los dos. Sé que puede sonar un tanto exagerado, pero es importante empezar a grabarlo en tu subconsciente y crear una conexión con él. Y cada detalle cuenta.

Cuando termines el ejercicio, te estaré esperando en el paso n.º 2 del método.

10

Paso 2
Tradúcelo a Miniacciones

Poner nombre al hábito y definirlo bien, tener claros los motivos y qué quiero ganar... Con todo eso hemos empezado a movernos, pero en el fondo no deja de ser una puesta en escena. Aún no hemos abandonado la tierra de los deseos y no nos interesa quedarnos mucho tiempo ahí (idea n.º 3 de la Mentalidad de Cambio: «Piensa en forma de acciones, no de deseos»). Por eso en este segundo paso vas a convertir los deseos que te mueven (Necesidad + Recompensa) en gestos del día a día, vas a traducir tu hábito a acciones que puedas poner en práctica esta tarde o el próximo martes por la mañana, por poner un ejemplo.

Dejar de pensar en deseos y hacerlo en forma de acciones suena más fácil de lo que es. Yo tardé lo mío. Hay una pregunta que me ayudó a conseguirlo, y a la que recurro cuando quiero activar el chip de las acciones. Voy a compartirla contigo para que puedas utilizarla o transmitírsela a otros: «Vale, quiero eso, pero ¿qué pasos voy a dar?».

Durante la mayor parte de mi vida adulta he convivido con un problema de sobrepeso. Y en diferentes etapas incluso me convertí en una persona obesa. Era un problema que decía que me preocupaba aunque, viéndolo con perspectiva, no tanto como para actuar y cambiar. Había momentos en los que se agudizaba la necesidad de hacer algo, y me lanzaba a consultar blogs de vida sana o a ver vídeos en YouTube sobre hábitos saludables. Aquello no sirvió de mucho, excepto para calentarme la cabeza con un montón de información y recrearme con pensamientos que no me llevaron a ninguna parte.

El gran cambio vino cuando me «obligué» a dejar de pensar en forma de intenciones y empecé a hacerlo con acciones. De la mano de la pregunta «¿Qué pasos voy a dar?», logré sustituir el «ojalá que» por «mi próxima acción será». Gracias a eso y a mi Red de Hábitos, conseguí dar un giro colosal a mi vida. Hoy, varios años después, peso cincuenta kilos menos y mis rutinas saludables me aportan una calidad de vida que nunca había tenido.

Concretar en acciones, y además *mini*

A la hora de cambiar, solemos proponernos acciones o retos demasiado grandes, giros bruscos y demostraciones de fuerza que suelen quedarse en nada. No es que ese hábito no esté hecho para ti, o que no seas capaz de desarrollarlo, sino que la forma de enfocarlo te lleva a abandonarlo. (Recuerda mis inicios, cuando me di cuenta de que, antes de lanzarme a practicar el hábito, tenía que ver *cómo* introducirlo).

Para evitar esas dificultades, vamos a apoyarnos en la idea n.º 4 de la Mentalidad de Cambio: «Cambia a lo grande, pero avanza en pequeño». Se trata de uno de los principios más poderosos, aunque no lo parezca. Digo esto porque, a lo largo de los años, he visto a muchas personas reaccionar con reticencia o desinterés a la idea de cambiar dando pequeños pasos.

Hay quien ve las acciones pequeñas como algo poco ambicioso, que no hay mérito ni recompensa en lo sencillo y que avanzar poco a poco equivale a tener bajas expectativas. Por lo general, nos programan para ser ambiciosos, y la ambición en el cambio personal es buena, muy buena, pero aplicada a largo plazo.

Quienes ningunean las acciones mini suelen verlas de manera aislada, en un momento concreto, y claro, ahí su impacto es testimonial, casi insignificante. Pero cuando sumas muchas de estas minúsculas piezas, el beneficio que obtienes puede ser descomunal. Se puede llegar muy lejos dando pequeños pasos.

Estas acciones, que desde ahora llamaremos Miniacciones o Microcambios, son uno de los ingredientes secretos para crear Hábitos con éxito. Frente a las acciones grandes, lo mini hace que tu subconsciente absorba el hábito de forma escalonada, sin estridencias ni grandes esfuerzos. Sucede así por varios motivos:

1. **Lo pequeño opone menos resistencia.** Alrededor de lo sencillo suele haber pocas dificultades, y mi mente fabrica menos excusas para evitarlo. Como seres humanos, buscamos la ley del mínimo esfuerzo y las Miniacciones imponen menos.

«Empezar todos los días sin leer el correo y no abrir-
lo hasta pasadas dos horas (acción grande)».

VS.

«Cerrar la aplicación de correo en periodos de quince minutos en los momentos del día de menos actividad laboral (Miniacción)».

2. **Lo pequeño es más concreto y definido.** Las Miniacciones
están más delimitadas y ves mejor cómo afrontar un cambio, en especial al dar los primeros pasos.

«Empezar a hacer ejercicio y caminar a diario todo lo
que pueda, hasta que me canse (cambio grande e inde-
finido)».

VS.

«Salir a caminar todos los días durante veinte minutos (Microcambio)».

3. **Es más fácil repetir lo pequeño.** El gesto es menor, la actividad requiere menos esfuerzo y es más fácil ser cons-

tante. Lo mini no cansa tanto y deja menos espacio al abandono.

«Ordenar todo lo que esté desordenado en casa antes de acostarme (acción grande)».

VS.

«Recoger el salón antes de acostarme (Miniacción)».

4. **Lo pequeño facilita su seguimiento y evolución.** Puedes medir mejor los progresos, identificar antes los desajustes y asentar mejor cada avance (en esto nos centraremos en la recta final del libro).

«Revisar el estado de mis proyectos laborales y ver qué tal voy (actividad importante que implica evaluar más)».

VS.

«Poner fecha a todas las tareas que anoto y tengo pendientes (detalle que cuesta menos medir y comprobar)».

Adoro las Miniacciones y los Microcambios. ¡Me declaro un fan de lo mini! De hecho, todos los Superhábitos y grandes cambios que he logrado en mi vida han sido a base de sumar piezas pequeñas. Ese es el secreto de la constancia y de la disciplina que algunos parecemos tener. No poseemos un gen diferente ni hay nada que nos haga especiales. Solo ha sido la forma de conseguirlo.

Definir bien las Miniacciones y los Microcambios

La idea de dar pasos pequeños es comprensible. Pero, aplicado a un hábito, ¿qué significa? ¿Qué características deben tener las acciones mini? A la hora de elegirlas, asegúrate de seguir siempre estas pautas:

- Algo sencillo y asequible que no encierre dificultad para ti.

- Algo que te invite a empezar y a no procrastinar.

- Algo que no te cueste mucho ni que requiera acudir a tu depósito de fuerza de voluntad.

- Algo muy concreto y específico, un gesto o situación que puedas visualizar a medida que lo escribes.

- Algo que, aunque sea de forma parcial o a pequeña escala, haga que el hábito que buscas empiece a ponerse en práctica.

- Algo que te permita alargarlo e ir haciendo crecer el hábito de forma gradual, al incrementar el tiempo o al hacer que la acción abarque más.

Veamos cómo se aplican estas pautas con algunos ejemplos de personas que tradujeron sus Hábitos a acciones (mini).

Ana Isabel

HÁBITO: Empezar a hacer ejercicio.

MINIACCIONES: Empezaré por salir a caminar treinta minutos, nada de correr. Eso vendrá después. Cada día iré incrementando cinco minutos el tiempo de ejercicio. Si un día no tengo tiempo, haré veinte o quince minutos a un paso más rápido, pero saldré igualmente.

Saúl

HÁBITO: Recuperar mis ratos de lectura.

MINIACCIONES: El primer paso será preparar un listado de posibles lecturas para elegir mejor y no perderme en lo que me gustaría leer. Empezaré con veinte minutos todos los días. A medida que pasen las semanas y me acostumbre, lo alargaré poco a poco.

Fátima

HÁBITO: Retomar el estudio de inglés.

MINIACCIONES: Analizar qué áreas de mi inglés necesito mejorar antes. ¿Qué parte llevo peor? (Pronunciación, gramática, léxico, escucha...). Hacer un listado de canales de YouTube con clases y tutoriales interesantes. Hacer un listado de pódcast para entrenar el oído en los distintos acentos (británico, americano, sudafricano). De camino al trabajo, escucharé uno o dos episodios de esos pódcast.

Jonathan

HÁBITO: Escribir en mi blog personal.

MINIACCIONES: Mi idea es empezar escribiendo un solo artículo a la semana. Más adelante ya veré. Al principio los artículos serán cortos, de no más de quinientas palabras, notas e ideas rápidas sobre temas concretos que no me lleven mucho tiempo.

Ángela

HÁBITO: Terminar mi semana con una revisión de tareas.

MINIACCIONES: Empezaré por hacer un ejercicio breve de quince minutos de forma que pueda acostumbrarme poco a poco. Para que me cueste menos, al principio solo repasaré dos apartados: *a)* estado actual de mis dos proyectos principales y *b)* tareas no terminadas durante la semana. A medida que me vaya haciendo a la revisión, añadiré otras comprobaciones, temas del equipo y la planificación de la semana siguiente.

Si analizas las notas de todas estas personas, verás que por detrás actúan varias ideas de la Mentalidad de Cambio, en especial no caer en la indefinición, convertir los deseos en acciones pequeñas e iniciar el cambio de forma gradual. No dejes de apoyarte en estas ideas maestras. Todas ellas, junto con el método, te ayudarán a crear Hábitos para toda la vida.

Un último apunte antes de continuar: quizá alguna vez te encuentres con algún hábito que no llegues a desglosar en acciones pequeñas, en especial microhábitos o rutinas muy sencillas. Algunos ejemplos pueden ser comer una manzana a media mañana, hacer la cama antes de salir de casa, llevar una libreta a todas mis reuniones o beber a diario un número determinado de vasos de agua.

Si bien cualquier hábito puede llegar a descomponerse en piezas más pequeñas, en casos así quizá no merezca la pena. Para poner en marcha esos Hábitos, habría que centrarse en otros elementos que nos quedan por ver, como el Momento–Frecuencia, elegir un Activador o eliminar posibles Resistencias.

Sin embargo, para la mayoría de los Hábitos tendrás que concretar las acciones. Y, además, mini. Bien porque la acción no sea tan pequeña y evidente, porque el hábito entrañe cierta complejidad y requiera acciones intermedias, o bien porque estés intentando algo que cuesta y quieras hacerlo paulatinamente.

Y si en algún momento no sabes si debes o no descomponer,

concretar e ir a lo pequeño, mi recomendación es que lo hagas. Aunque el hábito aparente ser sencillo y asequible, nunca subestimes su dificultad. Como veremos, alrededor de algunos hábitos sencillos puede haber fricciones que terminan complicándolos y que no se aprecian a simple vista. Seguimos.

11

Paso 3
Fija un Momento-Frecuencia

Hace años tuve la oportunidad de asesorar a Nicolás. Era socio de un bufete de abogados y acudió a mí porque quería «pilotar su vida de forma diferente» (utilizó las palabras del lema de mi canal de YouTube). Durante la primera sesión nos centramos en los Hábitos que había intentado y abandonado. Tras estudiar todo lo que me contó, vi enseguida que tenía todas las piezas necesarias para construir sus Hábitos. Todas, excepto una.

Para poner en marcha el hábito, hay que fijarse en un doble detalle, en una pieza imprescindible para que empiece a darse: fijar el Momento y la Frecuencia. Siempre van de la mano. Y Nicolás no había sido suficientemente claro en estos dos aspectos.

Su caso no es una excepción. En este doble paso tropiezan no pocas personas. Hay Hábitos que no llegan a nacer por no buscarles un Momento o no dejarlo claro («A ver si encuentro un hueco»). Y otros que logran ponerse en marcha terminan en el abandono por carecer de una Frecuencia regular («Lo practico, pero no todo lo que debería... Cuando puedo o cuando me dejan»).

Fija el Momento

Desde el primer instante que he hablado del método, una de las cosas que estamos tratando de evitar es la falta de concreción. Eso puede verse en cada paso que hemos ido dando, tanto a la hora de definir el hábito como de descomponerlo en acciones pequeñas. Por supuesto, no es algo casual, y en el fondo nos estamos dejando guiar por la idea n.º 2 de la Mentalidad de Cambio: «La indefinición es la antesala del no-cambio».

Así que ahora que toca fijar el Momento, vamos a continuar en esa línea. Para esquivar la falta de claridad en este punto suelo recurrir a este grupo de preguntas:

- ¿Cuándo lo voy a hacer?

- ¿Qué días o a qué horas específicas?

- ¿En qué situaciones, momentos o lugares concretos lo haré?

Establece la Frecuencia

El nuevo hábito solo vale si dura. Para ello, hay que repetir con continuidad y constancia. Tu hábito se alimenta de eso y de las acciones. Y ahí entra en juego la Frecuencia.

Una vez hayas establecido el Momento, debes responder a estas otras preguntas:

- ¿Cuántas veces voy a repetirlo?

- ¿Cada cuánto lo haré?

- ¿Debo fijarlo yo o es el hábito el que lo marca?

- ¿Tiene una cadencia fija o no puedo predecirlo?

No pierdas de vista la última pregunta, pues te encontrarás con dos tipos de hábitos: gestos y actividades. Veamos en qué se diferencian y algunos ejemplos de cada uno. Es muy importante que sepas distinguirlos.

Hábitos-Gesto de Frecuencia variable

Por lo general no sabrás cuándo ocurrirán los gestos, pues los harás antes o después de una actividad no prevista, durante un evento esporádico, en una situación ocasional o al llegar a un lugar en un momento indeterminado. Fíjate en estos ejemplos:

Subir por las escaleras en vez de coger el ascensor (para hacer ejercicio).

«Sé que lo haré al llegar al portal de mi casa. Pero variará de un día a otro. No puedo precisar las horas exactas y cuántas veces pasará, pues salgo y entro de casa en diferentes momentos. Además, unos días salgo más que otros».

Preparar el material de trabajo antes de cada viaje.

«Puedo precisarlo para los dos viajes que ahora tengo planificados. Pero más allá de eso no sé cuándo habrá nuevos viajes ni cuántos. No puedo establecer la Frecuencia».

Controlar mi tiempo de uso de YouTube en el móvil.

«Es variable. En realidad, no sé cuándo va a ocurrir ni cada cuánto. No todos los días abro YouTube y, cuando lo hago, es a diferentes horas. Lo único que sé es que no quiero superar los treinta minutos diarios».

HÁBITOS–ACTIVIDAD DE FRECUENCIA FIJA

Es el caso de las actividades que harás cada cierto tiempo de forma regular, con una cadencia establecida. Están planificadas o puedes saber por adelantado cuándo ocurrirán. En la mayoría de los casos, conocerás también el tiempo que te llevarán o durante cuánto tiempo las practicarás. Por ejemplo:

Revisar el estado de los proyectos y los clientes.

«Todos los viernes a las cuatro de la tarde. Una vez a la semana. Me suele llevar una media hora».

Meditar antes de acostarme.

«Hacia las once de la noche. Lo repetiré a diario y me llevará entre diez y quince minutos».

Salir a patinar a diario.

«Es algo que hago todos los días después de comer, hacia las dos y media. Le dedico una hora».

Repasar los objetivos del día.

«Lo haré cada mañana durante el desayuno. Hacia las siete y media. Serán unos tres o cuatro minutos».

No puedo decirte si encontrarás más Hábitos de Frecuencia fija o variable. En mi caso, la mayor parte de mi red actual está compuesta por actividades. Depende de la persona y de los Hábitos que elija. Pero es importante que lo especifiques y lo desarrolles por escrito.

Toma la misma hoja o libreta donde has estado trabajando el hábito antes. Debajo de la Motivación, Definición y Miniacciones, escribe ahora el Momento–Frecuencia que tiene o tendrá tu hábito.

Para que veas cómo hacerlo, te ofrezco otros ejemplos de algunos de mis clientes:

Ana Isabel

HÁBITO: Empezar a hacer ejercicio. Es una actividad.

MOMENTO-FRECUENCIA: Lo haré dos veces por semana, los martes y viernes después de comer, de dos y media a tres y media. Reservaré ese tiempo en el calendario de Outlook para que no se me cuele una reunión o un compromiso.

Jaime

HÁBITO: Recoger y ordenar mi mesa de trabajo durante el día. Es un gesto.

MOMENTO-FRECUENCIA: No me gustaría dedicar un momento fijo a ordenar, prefiero acostumbrarme a hacerlo mientras trabajo. No sé cuántas veces (ni cuándo) me tocará recoger las carpetas, papeles y facturas de mi mesa. Solo sé que quiero ordenarlo y recogerlo a medida que lo utilice o consulte.

Saúl

HÁBITO: Recuperar mis ratos de lectura. Es una actividad.

MOMENTO-FRECUENCIA: Es algo diario a lo que le quiero dedicar una hora, como hacía hace años. Voy a reservar ese rato de lectura en mi calendario de Google. Haré que el evento se repita a diario. Inicialmente, de siete a siete y media. Me aseguraré de no tener nada hasta las ocho de la tarde porque mi idea es terminar extendiendo la lectura hasta esa hora.

Julio

HÁBITO: Acostumbrarme a anotar todas mis tareas y ponerles fecha. Es un gesto.

MOMENTO-FRECUENCIA: Sé que es algo que haré varias veces al día, pero no puedo precisar en qué Momento o cuántas veces ocurrirá. Un día puedo anotar ocho tareas nuevas y otro pueden ser veinte. Un día habrá más tareas nuevas por la mañana y otros las anotaré por la tarde.

Daniel

HÁBITO: Contabilizar todos los tíquets, gastos y facturas de la casa/familia. Es una actividad.

MOMENTO-FRECUENCIA: Se trata de algo que haré todos los domingos por la mañana, justo después de desayunar. Dedicaré entre quince y veinte minutos a meter en la aplicación de contabilidad todos los gastos de esa semana. Empiezo este domingo y lo he programado en mi móvil para recordarlo.

Si está en el calendario... ocurre

Si vuelves a repasar los ejemplos anteriores verás que en los Hábitos–Actividad todas las personas han especificado un día o un Momento, incluso una hora exacta. Pero, además, han reservado un tiempo por adelantado en su agenda o han creado un evento fijo. Es un detalle decisivo para que tu hábito empiece a darse, ya que el calendario impulsa su creación de tres maneras:

1. Lo concreta y lo aterriza

Hay personas a las que les cuesta horrores materializar sus intenciones o las acciones del hábito (recuerda que tratamos de evitar la indefinición a toda costa). Anotarlo en el calendario te *obliga* a ser específico y a dejar de darle vueltas. Con ese detalle no solo marcas un punto de partida, sino que también garantizas la imprescindible regularidad que necesita el hábito. Fíjate en la diferencia de estos ejemplos:

«Tengo que retomar el hábito de correr por el parque. Me sentaba muy bien».

VS.

«Acabo de anotar en mi calendario un rato para salir a correr los lunes, miércoles y viernes de siete a ocho de la mañana».

2. Reserva un tiempo para que ocurra

Si programas por adelantado ese hábito, te aseguras de que tendrá su tiempo. Esto te permitirá protegerlo de los frecuentes imprevistos y de las situaciones del día a día que muchas veces se llevan nuestro tiempo. Si intentas buscar huecos para tus prioridades en el último momento, será difícil que los encuentres.

«Necesito tener un rato para mí. Me ayudará a organizarme y a centrarme en lo importante. A ver si hacia el final del día busco un hueco. Tal vez después de la cena».

VS.

«Desde ahora tendré un rato para mí entre las cinco y las seis de la tarde. No es la mejor hora porque estaré un poco cansado, pero por lo menos me aseguraré una hora diaria. He creado un evento en el calendario llamado «Reunión conmigo mismo», y he fijado una alarma para que me avise a tiempo».

3. Lo encaja con el resto de tus actividades

Hay gestos y rutinas sencillas que, en términos de tiempo, tienen un impacto nulo. Sin embargo, otros Hábitos pueden llegar a exigirte varias horas a la semana. En esos casos, necesitas encontrar un equilibrio con el resto de tu vida personal, profesional y familiar. Con el calendario, tendrás una visión de conjunto y podrás encontrar el Momento–Frecuencia que mejor encaje con todo lo demás.

«Quiero recuperar las tardes de cine con mi hija. Después de estudiar mi agenda, está claro que los mejores días son los martes y los jueves a partir de las seis de la tarde. El resto de la semana la tengo bloqueada por temas de trabajo y otros compromisos».

Programar algo en tu calendario no garantiza que lo vayas a cumplir, pero es un paso indispensable. En mi labor profesional, he visto muchos Hábitos que nunca llegaron a ver la luz por no haberlos planificado en el calendario. Si tu hábito necesita un tiempo fijo, te animo a que lo hagas cuanto antes. Ahora mismo si puedes, como si acabaras de concertar una cita con el médico o de cerrar una reunión con un cliente.

¿Qué tipo de calendario es mejor?

A la hora de elegirlo, no hay ninguno mejor que otro y tendrás que valorarlo en función de tus preferencias o necesidades. Puede ser un calendario de mesa o de pared, una agenda de papel, la aplicación del móvil (Android, iOS...) u otra que tengas sincronizada en todos tus ordenadores y dispositivos (Microsoft Outlook, Google Calendar, Apple iCloud, etc.).

Si bien muchas personas utilizan agendas de papel y les va bien, tal vez te vaya mejor elegir una aplicación, por ejemplo la del teléfono. Principalmente por dos motivos:

1. El móvil te acompaña desde el inicio del día a la noche. Esto te permitirá consultarlo o hacer ajustes cuando lo necesites.

2. A los eventos que vayas a crear, puedes añadir una alarma/ recordatorio, detalle determinante para no olvidarlos, como veremos en el próximo capítulo.

Y aquí dejamos esta parte. Tu hábito va tomando forma y se está poniendo en marcha. Primero lo hemos definido y concretado en acciones pequeñas, y ahora lo hemos programado para que empiece a darse y pueda repetirse. Pero si quieres que alcance la fase de Rodaje, nos faltan otros dos pasos.

12

Paso 4
Elige el Activador

«No guardes nunca en la cabeza aquello que te quepa en un bolsillo». Con esta célebre frase Albert Einstein aludía a dos detalles importantes: lo fácil que es olvidar ciertas cosas que intentamos retener en la cabeza y la cantidad de energía que podemos llegar a consumir con lo que nos obligamos a recordar («Que no se me olvide que tengo que...», «A ver si me acuerdo de...»).

Recordar hacer las acciones de tu hábito será un reto en el Arranque. Seguramente, en los primeros días no necesitarás que nada ni nadie te las recuerde. La energía del Arranque y la ilusión por cambiar serán impulsos suficientes. Pero, con el paso de los días, todo cambia. Y mucho. La actividad cotidiana (a veces frenética), las prisas con las que solemos ir, las distracciones constantes de nuestro mundo ultraconectado y la tentación de hacer cosas quizá más atractivas suelen llevarnos a olvidar algo que habíamos empezado con tantas ganas.

Despreocúpate, que ya lo recuerda él

Para eliminar esa posibilidad, vamos a sacar al campo a un nuevo jugador: el Activador. Es un ayudador cuya misión es recordarte la acción o gesto que tienes que repetir en el momento preciso. Cuando aparece esta señal, manda un mensaje muy claro y directo a tu consciente: «¡Que no se te olvide! Es momento de hacer eso que habías decidido».

Uno de los detalles que hacen tan decisivo el papel del Activador es que nunca tiene días malos. Actúa independientemente de lo que esté pasando o de lo que estés haciendo. Puede ser a primera hora o al final del día, en casa o al entrar en el coche, en un rato de relax o en medio de una avalancha de tareas, haciendo la compra o antes de entrar en una reunión. Puedes tener un día complicado y estar cansado, u olvidar algo porque tienes demasiadas cosas en la cabeza. Pero el Activador ni se cansa ni se olvida, ni tampoco deja de trabajar. Aunque pasen los días y las semanas, su señal es constante, puntual e infatigable.

Más allá de un simple recordador

Sin embargo, el Activador tiene otra misión tanto o más importante, si cabe. Cuando aparece, eres consciente del hábito, te recuerda su porqué y contribuye a ir formando un vínculo con él.

Esta conexión es primordial no solo para que el hábito se vaya grabando en tu interior y te cueste menos repetir, sino también para que empieces a verlo como algo tuyo. Este nexo no es trivial, ya que el hábito, además de darte algo a cambio (Recompensa) tiene un significado para ti. Al final, tú no lo repites para emular a una máquina programada, sino porque tienes motivos para hacerlo.

Al formar un Superhábito o llenar una necesidad esencial, ese vínculo será más trascendente. Además, buscarás que sea lo más fuerte posible, y el Activador contribuirá a ello.

Si dejo la ropa de deporte en la entrada de mi habitación, mi hábito vendrá a un primer plano en cuanto la vea: «Recuerda, hoy toca hacer una hora de bici». Esa señal me hará conectar con el porqué (he tenido un serio problema de salud) y con lo que quiero conseguir (recuperarme y recobrar mi calidad de vida). Pero, además, el Activador me hará notar que lo llevo repitiendo unas semanas y que, sin duda, estoy avanzando. El vínculo con el hábito irá creciendo y mi satisfacción personal también.

Cuando introduces rutinas sencillas, ese vínculo se puede formar del mismo modo. Aunque no sea tan evidente, puede llegar a ser igual de relevante que el de tus Hábitos súper. A fin de cuentas, si has decidido hacer eso, tiene valor para ti. Imagina que empiezo el microhábito de rellenar el plato de pienso de mi perro antes de irme al trabajo. Para que no se me olvide, pego una nota en la nevera. El acto de sostener el saco y rellenar el plato metálico no significa nada para mí, pero lo que hay detrás de él sí. El Activador me ayudará a conectar con el porqué de hacerlo: cuido de mi perro porque es parte de mi familia.

Aunque es un hecho que a veces cuesta aceptar, ese vínculo también se da en los malos Hábitos. Y parece de hierro, como probablemente hayas experimentado alguna vez. Pues bien, además de la Repetición y la Recompensa, esa dependencia se ha ido formando con la intervención constante del Activador. Por ejemplo, en un cajón de la cocina tengo varios folletos de cadenas de comida rápida. Cada vez que los veo, me conectan con algo que, en el fondo, quiero evitar. Pero es irresistible, y, al pasar por allí, se me despierta el deseo de hacer un pedido y dejar la ensalada para otro día. Con el paso del tiempo, ese Activador irá reforzando el vínculo con el mal hábito.

¿Qué podemos utilizar como Activador?

Volvamos a los buenos Hábitos que queremos adquirir. ¿Qué recursos, señales o elementos son los mejores Activadores? ¿Dónde podemos encontrarlos? ¿Hay alguno más recomendado que otro? Los más extendidos (que he utilizado) están dentro de cuatro grandes categorías. Veámoslas a través de una serie de casos reales.

ALERTAS Y NOTIFICACIONES

Avisos sonoros o alertas visuales que se activan un día o a una hora determinados. Los recibes en tu móvil, ordenador, tableta o reloj inteligente. Las alarmas en el móvil son la primera opción a la hora de elegir un Activador, pues todos tenemos uno y nos acompaña a todas partes. Este tipo de Activadores están a mano y son rápidos de crear y modificar.

Ángela

HÁBITO: Terminar la semana de trabajo con una revisión de tareas.

ACTIVADOR: En mi agenda de Outlook he creado un evento que se repetirá cada viernes a las cuatro y media de la tarde. He añadido una notificación que veré en mi móvil quince minutos antes. También me aparecerá en el ordenador.

Jonathan

HÁBITO: Escribir en mi blog personal cada semana.

ACTIVADOR 1: He creado una alerta en el móvil que me avisará cada miércoles a las seis de la tarde, veinticuatro horas antes de ponerme a escribir. Así podré pensar de qué tratará el artículo de esa semana.

ACTIVADOR 2: Para reforzarlo, he añadido una segunda alerta para los jueves a las cinco de la tarde, una hora antes de sentarme a escribir el artículo.

APLICACIONES PARA HÁBITOS

Existen apps para dispositivos móviles (principalmente teléfonos y relojes inteligentes) diseñadas con la finalidad de desarrollar Hábitos. Y una de las funcionalidades que incorporan son avisos que te recuerdan qué has de hacer o practicar.

Estas aplicaciones te permiten añadir y personalizar tu hábito, pero todas traen precargados algunos de los más populares. Por ejemplo, pueden recordarte que debes moverte después de estar un tiempo sentado, practicar un rato de respiración o meditación, eliminar las distracciones para concentrarte en el trabajo o indicarte que ha llegado la hora de salir a correr, por citar algunos de ellos.

Además de crear alertas y recordatorios, estas apps te permiten hacer un seguimiento del hábito y comprobar su evolución a lo largo de los meses. Te hablaré de ellas en la siguiente parte del libro.

Objetos físicos

Son elementos que, estratégicamente colocados en el lugar que elijas, te recuerdan ese hábito cuando tus ojos se cruzan con ellos. Aunque los he utilizado sobre todo al desarrollar gestos, también funcionan con actividades.

Para que este tipo de Activador cumpla su función, debes:

- Elegir un objeto que esté estrechamente relacionado con el hábito, de modo que tu cerebro haga una asociación instantánea.

- Situarlo en un lugar que vayas a ver justo cuando te interese. Se trata de que te encuentres forzosamente con el objeto.

Hugo

HÁBITO: Tomar un suplemento de vitaminas para mejorar mi alimentación.

ACTIVADOR: Para recordar que debo tomarlas con el desayuno, he dejado el bote de cápsulas junto a la cafetera.

Juan Carlos

HÁBITO: Aumentar el consumo de fruta (como sustituto de otros *snacks* menos saludables).

ACTIVADOR: Para obligarme a consumir más fruta, he comprado un frutero de cristal y lo he puesto justo a la entrada de la cocina, de manera que lo veo tanto al entrar como al salir.

Alicia

HÁBITO: Practicar yoga a diario antes de acostarme.

ACTIVADOR 1: He dejado la esterilla al pie de la cama para realizar los ejercicios diarios.

ACTIVADOR 2: He puesto la tabla de ejercicios que estoy siguiendo sobre la cómoda de la entrada de la habitación.

LUGARES O ESTANCIAS

Los Activadores también pueden estar asociados a sitios específicos a los que llegas o de los que sales (tu casa, la oficina, el coche...), o bien a una estancia o habitación en la que entras o sales (cocina, garaje, despacho de casa...). Su efectividad aumenta si los complementas con algún objeto físico que veas justo al llegar a ese lugar o al entrar en esa estancia.

Bernat

HÁBITO: Olvidarme del móvil al llegar a casa, sobre todo cuando esté con mis hijos.

ACTIVADOR: En el mueble recibidor de casa he puesto una pequeña bandeja en la que dejaré mi móvil al entrar, junto a las llaves y la cartera. Para reforzarlo, en la bandeja he puesto un cartelito en el que se lee: «Móvil aquí ¡Descansa!».

Fátima

HÁBITO: Retomar el estudio del inglés (aprovecharé para practicar mi oído durante los trayectos en coche).

ACTIVADOR: He creado una rutina en mi móvil para que, cada vez que entre en el coche y lo conecte, se reproduzca automáticamente uno de mis pódcast. No solo me despreocupo de acordarme de ello, sino que también es muy cómodo.

Elige tu Activador

No hay un Activador recomendado para cada hábito, como tampoco uno es mejor que otro. Tú mismo irás viendo cuál te conviene más en cada caso. Hemos presentado algunos de los ejemplos más habituales, pero hay más, tantos como marque tu imaginación. Al escogerlo, mi recomendación es que no te compliques y busques algo que sea efectivo y funcional. Sobre todo, asegúrate de que cumpla estos tres requisitos:

1. **Consistente.** La señal tiene que reforzar otro elemento del método que ya conoces: la Repetición. Por lo tanto, tiene que ser regular y puntual, y aparecer con la misma Frecuencia que el hábito.

2. **Automático.** Lo eliges, lo pones a trabajar y te olvidas del todo. Sin que intervengas, sin esfuerzo alguno, debe recordártelo de manera sistemática, sin fallar nunca.

3. **Visible.** Tiene que ser algo ostensible, que se haga notar. De poco serviría una señal medio escondida o que no aparece en el momento adecuado. Sigue siempre esta regla: «Mis ojos u oídos tienen que percibirlo cuando me interese».

Hasta ahora te he hablado del Activador en singular, pero se pueden utilizar varios a la vez. Dependiendo de la complejidad del hábito y de las Resistencias que haya (las veremos en el siguiente capítulo), el Activador inicial se puede reforzar con otros adicionales. Incluso podrás combinar varios de distinta naturaleza (estancia + objeto o lugar + alerta, por ejemplo).

Te darás cuenta de lo que te conviene en cada ocasión, tanto en el Arranque como en el Rodaje. En el futuro, podrás cambiarlos, reajustarlos o reforzarlos si ves que no cumplen su objetivo.

Espero que no creas que el uso de varios Activadores simultáneos es una medida desproporcionada. Si al final consigues lo que buscas (no olvidar, repetir y vincularte con el hábito), agradecerás haber utilizado dos o más.

Alterna tus Activadores

Nuestra mente reacciona mejor ante lo nuevo, al percibir señales que antes no estaban ahí o elementos que no acostumbras a ver. Por eso te recomiendo que no abuses de un único Activador y que lo cambies según el hábito.

Como ya te he comentado, mi primer Superhábito fue empezar mi día de trabajo haciendo la tarea más importante. Como Activador, elegí un pósit pegado en el espejo del baño (tipo estancia + objeto). Lo hice así porque trabajaba desde casa y sería una de las primeras cosas que vería al levantarme. Me funcionó tan bien que hice lo mismo con los otros cambios que vinieron después. Pero me pasé. Al final, terminé empapelando la casa con pósits de colores y la efectividad de estas señales se redujo.

Trata, por lo tanto, de alternar tus Activadores. No hace falta romperse la cabeza con ideas complicadas o extravagantes, pero te interesa variarlos. Intenta que tu mente no caiga en la monotonía de las mismas señales y que sean efectivas (consistentes, automáticas y visibles).

Del mismo modo, si usas como Activador un pósit con alguna palabra o una cita que hayas escrito o impreso, te sugiero que la cambies o que renueves el texto pasado un tiempo. La mente tiende a acostumbrarse a lo que ve siempre, y somos propensos a obviar lo que no cambia. Lo que buscamos es dar nuevos estímulos a la mente para que siga enganchándose al hábito.

La vida del Activador

El Activador es un apoyo que utilizarás mientras te haces al hábito. Pueden ser unas semanas o unos meses, el tiempo preciso para que se grabe en tu subconsciente. Sin embargo, es un recurso que terminarás eliminando. Llegará un momento en el que el hábito esté tan interiorizado que te saldrá solo, sin ayuda externa. Pero en tanto en cuanto esté en marcha primero y en Rodaje después, su papel es trascendental. Lo repito, trascendental.

A pesar de ello, te recomiendo que no prescindas de él aunque creas que ya no lo necesitas. Déjalo trabajar más tiempo. A menudo, el exceso de confianza y las prisas por implementar nuevos cambios te hacen desactivarlo cuando las raíces del hábito todavía no son fuertes (nos ha ocurrido a muchos). Sé cauteloso y alarga la vida del Activador, porque, aunque no lo necesites para que te recuerde ese hábito, te seguirá ayudando a reforzar tu vínculo con él.

Pasemos ahora al último paso del Arranque.

13

Paso 5
Elimina las Resistencias

Hasta ahora nos hemos centrado mayoritariamente en los aliados del hábito, elementos que facilitan su Arranque y su práctica posterior. Pero va siendo hora de poner el foco en aquello
que, a menudo, hace que el hábito se vuelva cuesta arriba, en especial en las Resistencias.

Se trata de obstáculos que giran en torno al hábito y que di-
ficultan el cambio o que incluso llegan a impedirlo. Esos puntos
de fricción pueden estar presentes tanto al inicio del hábito (o
antes de ponerlo en marcha) como ir apareciendo a medida que
lo practicas y lo repites, durante el periodo de asentamiento.

Sobre el terreno actúan de diferentes formas: a veces te dis-
traen o te disuaden para no practicarlo, te hacen volver a un mal
hábito que tratas de evitar o fomentan la irregularidad a la hora
de repetirlo. En el fondo, todo eso te separa del hábito, y en tanto en cuanto lo elimines, podrás acercarte antes a él.

Hay una forma rápida de comprobar si hay Resistencias alrededor del hábito. Es una fórmula a la que recurro para dar con las primeras señales y actuar. Consiste en ver si mi mente fabrica algún tipo de excusa para eludir el hábito. Cuantas más excusas (y más variadas) me ponga, más obstáculos tendré que eliminar. Los pretextos que genera mi mente suelen incluir frases de este estilo:

- «Es que nunca tengo tiempo».

- «Cuando llega la hora, no tengo fuerza de voluntad».

- «Hoy no es un buen día».

- «Quiero hacerlo, pero los demás no me dejan».

- «Mi problema es la inconstancia, me pasa con todo».

- «Es que soy así, ¡qué le voy a hacer!».

- «Hoy no, pero mañana fijo que lo hago».

Estas excusas que nos decimos (o con las que nos justificamos delante de los demás) no son más que una manifestación verbal de las Resistencias que actúan por detrás. Son ellas —no (siempre) tu escasa fuerza de voluntad— las que provocan que el hábito empiece a flaquear.

Por supuesto, no todos los Hábitos son iguales, y no encontrarás el mismo nivel de oposición al iniciar un microhábito que un Superhábito. Por ejemplo, la fricción que encontraré en el hábito de empezar a comer una manzana a media mañana es inexistente comparada con la de acostarme una hora antes, recortando a la mitad mi tiempo diario de Netflix.

Incluso el mismo hábito puede encontrarse con distintas Resistencias en función del momento en que lo practiques. Por ejemplo, la rutina de pasear a mi perro puede costarme poco a mediodía, pero por la noche me notaré más cansado y me resistiré más. También su paseo me costará más en invierno y de noche que con buen tiempo y solecito.

Las Resistencias se desactivan

Pero tengo una buena noticia para ti: ahora hay menos Resistencias que cuando empezaste. Con los cuatro pasos previos has ido eliminando obstáculos que, de otro modo, se iban a cruzar en tu camino. Es la diferencia de intentar un hábito sin método y hacerlo guiado por un GPS.

Fíjate si no en el panorama que teníamos antes de iniciar la marcha:

- Generalidades y poca claridad al definir qué busco o qué quiero lograr con ese hábito.

- Quedarme en el deseo (sin acciones) y no llevar el hábito a la vida real.

- No marcarme un momento y tiempo claro para iniciar el hábito y retrasarlo constantemente.

- No apoyarme en ningún recurso que me ayude a recordar y repetir el hábito.

Ahora te enfrentas a bastantes menos dificultades. Aunque, de habértelas encontrado, tampoco hubiera pasado nada, ¿verdad? A fin de cuentas, los obstáculos se superan. Este es el mensaje que muchos hemos oído desde pequeñitos, que con fuerza de voluntad y trabajo duro puedes superar cualquier barrera, ¿no? Por supuesto, no puedo hablar por ti, pero mi determinación no es tan fuerte como la de otros. A veces flaqueo y además intento ser todo lo práctico que puedo. Así que, en vez de sortear esos obstáculos con tesón, centraremos nuestro esfuerzo en reducir su dificultad. En lugar de saltar esas barreras, rebajaremos su altura.

Es importante que tengas claro que no podrás actuar sobre todas las Resistencias, al menos de entrada. Hay puntos de fricción que te costará detectar por adelantado, pues aún no conoces a fondo el hábito o se te escapan algunos detalles. También hay Resistencias que descubrirás durante el Rodaje, cuando revises y realices el seguimiento de tu hábito, como veremos en la siguiente parte.

Pero durante el Arranque identificarás algunas Resistencias y sobre ellas puedes (y debes) actuar. Vamos a repasar juntos las siete que más se repiten en esta fase. Fíjate sobre todo en las medidas que tomaron las personas que aparecen en los ejemplos para mitigarlas o neutralizarlas.

Un mal hábito previo

Como sabes, construir un hábito a menudo significa hacer frente a la oposición de otro previo. Cuanto más tiempo lleve el anterior ahí, mayor será su rechazo a desaparecer y más te empujará en la dirección contraria. El poder de esos (malos) Hábitos sobre nosotros se debe a tres motivos:

1. La intensa e inmediata satisfacción que nos dan (Recompensa).

2. No cuesta caer en ellos, están a mano y son cómodos.

3. Su Activador nos los recuerda y nos hace caer en ellos.

Fijémonos en los dos últimos. Para empezar a desactivar el mal hábito, hay que alejarlo, complicarlo y hacer que nuestro subconsciente no pueda conectar fácilmente con él. Para ello, tendrás que dar con su Activador y eliminarlo. Y si no lo puedes neutralizar, al menos evita que actúe cuando menos te interesa (al practicar el nuevo hábito).

Bernat

HÁBITO: Quiero trabajar a primera hora del día sin distracciones, superconcentrado.

RESISTENCIA: Me distraigo con mucha facilidad. Estoy todo el día con el móvil en la mano, desde que me levanto hasta que me acuesto. Soy una persona muy apegada a las redes sociales, siempre mirando WhatsApp, Twitter o Facebook.

MEDIDA 1: He programado una rutina diaria en el móvil para que se ponga en «modo silencio» hasta las nueve de la mañana. Además, he instalado una aplicación que bloquea el uso de las redes sociales hasta esa hora.

MEDIDA 2: Para aplacar mis ganas de mirar el móvil, he establecido un momento después de la primera hora para hacerlo. Pero mientras esté concentrado, las redes sociales no existen.

UN HÁBITO QUE YA HA FALLADO EN EL PASADO

Que una persona intente más de una vez un hábito que no ha conseguido asumir es natural, denota determinación y ganas de cambiar. Pero con cada nuevo intento suelen darse dos situaciones que no ayudan al nuevo intento:

- La confianza se va debilitando y el entusiasmo y la energía iniciales suelen dibujar una curva descendente.

- La forma de encararlo suele ser igual que la vez anterior, replicando los mismos pasos y (habitualmente) cometiendo los mismos errores.

Si no te centras en eliminar las Resistencias que te llevaron al abandono en el pasado o los elementos que impidieron que el hábito se pegara a ti, en este nuevo intento obtendrás más o menos los mismos resultados. Será como circular en bucle por una rotonda. Tiempo, energía y atención perdidos.

Fátima

HÁBITO: Quiero retomar el hábito de estudiar inglés todos los días. Lo he intentado varias veces en los últimos años.

RESISTENCIA: Los motivos que me llevaron a dejarlo antes fueron: a) no marcarme un día y hora concreto para el estudio, lo hacía cuando podía o cuando me apetecía; y b) seguía un método de aprendizaje pesado y aburrido que requería memorizar mucho, y ese no es uno de mis puntos fuertes.

MEDIDA 1: He reservado en el calendario del móvil una hora de estudio diaria entre las nueve y las diez de la noche. Para ir acostumbrándome, empecé con entre veinte y treinta minutos, pero he terminado por alargarlo hasta una hora diaria.

MEDIDA 2: He recopilado recursos de estudio que me atrajeran más o que trataran sobre mis aficiones. Me he centrado sobre todo en vídeos de YouTube, pódcast y series de televisión en inglés. Además del rato de estudio diario, escucho pódcast en el coche y de noche veo algún capítulo de una serie que me gusta mucho.

Un entorno (físico) que no invita al hábito

Lo que nos rodea juega un importante papel en la llegada del hábito, ya que el exterior tiene más impacto en nuestro interior del que nos imaginamos. Por ejemplo, un lugar o unas condiciones en las que siempre he caído en un mal hábito me invitará a seguir haciéndolo, pues mi mente lo asocia, y seguiré viendo señales que me reconectan con él. En cambio, un entorno nuevo (o renovado) puede inducirme a poner en marcha algo diferente, dado que mi mente recibe nuevos estímulos. En ese contexto, el hábito parte de cero.

Saúl

HÁBITO: Recuperar mis ratos de lectura.

RESISTENCIA: Siempre que llego a casa por la tarde me tiro en el sofá y termino encendiendo el televisor, saltando de canal en canal viendo tonterías o programas basura. Pero luego me quejo de que no tengo tiempo para leer.

MEDIDA 1: He redecorado un pequeño rincón del salón para crear un ambiente que invite a leer. He quitado todo lo que sobraba, y he puesto dos pósteres tipo *coffee shop* en la pared, una lámpara de pie de lectura y un nuevo (y cómodo) sillón.

MEDIDA 2: Además, he guardado el mando a distancia en un cajón. En su lugar, dejo cada día el libro que voy a leer, y una nota con una sugerencia de música para acompañar la lectura.

Un entorno (personas) que desanima a ponerlo en práctica

Las prácticas de las personas que te rodean pueden hacerte dudar de tu hábito o quizá te enfrentes a tendencias que te desanimen a iniciarlo.

> «Quiero empezar el día de trabajo con un plan de tareas definido, pero la mayoría de la gente de mi oficina no lo hace y más o menos se las arreglan. ¿Merece la pena hacerlo, dado el número de imprevistos al que nos enfrentamos a diario? ¿No será una pérdida de tiempo?».

También es posible que oigas comentarios que te inviten a ir en la dirección contraria, lo que dificulta el hábito o incluso puede llegar a frustrarlo por completo.

> «Había decidido perder peso y empezar una dieta más saludable. Pero todos mis amigos no dejan de hablarme del efecto rebote y de decirme que, con mi estilo de vida, tarde o temprano recuperaré todo lo que pierda, como les pasó a ellos. No sé qué hacer».

Mi forma de desactivar estas Resistencias se basa en aislar todo ese «ruido» y fijarme en mi hábito y motivos (Necesidad + Recompensa). Vuelvo sobre mis notas y repaso cómo respondí a estas preguntas: «¿Qué necesidad quiero cubrir? ¿Cuál es el beneficio directo para mí? ¿Realmente importa lo que digan o hagan otros si voy a conseguir lo que necesito? Al fin y al cabo, es *mi* hábito».

Un hábito que implica un cambio brusco

Aunque en el paso 2 del método descubrimos la importancia de las transiciones graduales mediante acciones mini o micro, el cambio quizá sea un giro tan brusco que la oposición interna o externa puede dispararse. Y también hay que saber desactivar eso.

Esto no ocurre por subestimar la dificultad del hábito, caer en un exceso de confianza o por un mal análisis inicial. A veces solo apreciamos las fricciones que se ven en la superficie y, hasta que no empezamos a practicar ese hábito, no salen a flote. En casos así hay que centrarse en dar pasos más moderados y escalonados.

Daniel

HÁBITO: Levantarme antes.

RESISTENCIA: Llevo intentándolo desde hace semanas, pero me cuesta horrores. Siempre pierdo la batalla contra el despertador. Hasta ahora, lo único que he conseguido repetir cada mañana es gritar «¡Cinco minutos más!». Estoy creando mi propio negocio y necesito aprovechar todas las horas del día.

MEDIDA 1: Poco a poco, he ido adelantando la hora a la que me acuesto, cada día cinco minutos antes.

MEDIDA 2: Progresivamente, he ido adelantando la hora en el despertador. De ese modo, mi cuerpo se está acostumbrando poco a poco y evito pegarme el madrugón de golpe.

MEDIDA 3: Mis cenas ahora son más ligeras. También intento no dormirme viendo la tele ni con el iPad, sino con un libro. Me ayuda a relajarme y a descansar mejor.

MEDIDA 4: He puesto el despertador (el móvil) lejos de mi mesita de noche, de modo que, cuando suena, no me queda otra que levantarme.

DISTRACCIONES PERSONALES Y NOTIFICACIONES

La tecnología es maravillosa, pero sin reglas ni límites puede llegar a arrasar parte de nuestras vidas. En el mundo ultraconectado en el que vivimos, el abuso del móvil hace que estemos sometidos a un agotador bombardeo de alertas y mensajes. Estas distracciones condicionan nuestras acciones y modifican nuestro comportamiento. Dicho de otra manera, afectan a nuestros Hábitos, tanto los que ya están como los que acabamos de empezar.

A veces, cuando estás a punto de practicar el nuevo hábito, llega una notificación y lo cambia todo. Un mensaje de un grupo de WhatsApp, una mención en Twitter, un comentario en Facebook, una notificación de Instagram... Cualquiera de esos avisos puede resultar más atractivo que el hábito que aún no está formado. Como regla general, mi mente elegirá lo que le resulte más sugerente, entretenido y social, y dejará de hacer o repetir el hábito que tenía que poner en práctica.

(Seguramente no sea necesario aclararlo, pero prefiero hacerlo:

las alarmas y notificaciones que fijas como Activadores no sobran, son una grandísima ayuda, ¡y hay que mantenerlas!).

Juan Carlos

HÁBITO: Quiero trabajar sin multitarea, hacer las cosas de una en una. Necesito ganar tiempo y efectividad cada día.

RESISTENCIA: Tanto en el móvil como en el portátil tengo activadas montones de notificaciones que siempre me terminan liando. Con tanto aviso, cada vez me cuesta más centrarme en una tarea, ya que siempre atiendo a lo último que aparece en pantalla. Tras analizarlo contigo (Berto), me he dado cuenta de que no necesito todo eso.

MEDIDA: He hecho una especie de operación de limpieza en todos mis aparatos tecnológicos. Durante casi una hora, he repasado a conciencia mi portátil, tableta y móvil, y he desactivado el cien por cien de las notificaciones de casi todas las aplicaciones (sobre todo del correo, de LinkedIn y de Twitter). Al final, he dejado solo tres: las de mensajes del móvil (SMS), las alertas del calendario y los mensajes de seis personas concretas en WhatsApp (mi familia directa y dos amigos).

La falta de planificación y organización

El exceso de improvisación, la falta de anticipación o la escasa preparación («No tengo a mano lo que necesito») suelen ser las causas de que no se pueda repetir una rutina o de que se llegue a posponer una actividad programada en el calendario.

Además, el mal control de fechas con el que viven y trabajan muchas personas o la tendencia natural de otras a dejar las tareas para el último momento no favorecen la Frecuencia y Repetición que buscamos en esta fase.

Hugo

HÁBITO: Quiero empezar a comer más sano cada día y convertirlo en un hábito.

RESISTENCIA: Nunca encuentro un momento para hacer la compra con calma. Siempre termino comprando en un pequeño supermercado que hay debajo de mi oficina. Cuando paso al final del día, estoy tan cansado y hambriento que cojo lo primero que veo. Y nunca es sano, ¡qué casualidad!

MEDIDA 1: He empezado a utilizar un planificador de comidas que me permite anotar ingredientes y programar platos saludables. También puedo diseñar los menús de la semana por adelantado, en concreto los sábados.

MEDIDA 2: Ahora hago la compra semanal por internet, y me la traen a casa al final del día. Si la hago con calma y uso el planificador, puedo elegir mejor cada producto.

MEDIDA 3: Los domingos los dedico al *batch cooking*, o sea que preparo la comida de casi toda la semana. Gracias a eso, puedo llevarme la comida en un táper y como mucho mejor que antes. Ahora soy constante.

Identificar y tener presentes estas Resistencias es algo que, como ves, te interesa hacer desde que empiezas a implementar ese hábito. Si no las neutralizas al empezar ni las controlas después (lo abordaremos en la fase de Rodaje), por el camino solo encontrarás falta de estímulos, una interminable espiral de excusas y los clásicos: «Esto no va conmigo» o «No tengo fuerza de voluntad».

Casi hemos concluido la fase de Arranque...

Ejercicio práctico
¡En marcha!

Para cerrar esta segunda parte del libro me gustaría proponerte un nuevo ejercicio. Te servirá para descansar de la lectura y trabajar las principales ideas del Arranque. Además, será un buen trampolín para lo que estamos a punto de empezar: el Rodaje.

El ejercicio consiste en elaborar un completo plan de Arranque para cuatro Hábitos que te propondré a continuación. Sigue el método que hemos estudiado y la secuencia de trabajo que ya conoces.

Una vez elaborado el plan para esos Hábitos, te invito a hacer lo mismo con uno tuyo. Puedes seguir desarrollando el que hayas trabajado en ejercicios anteriores, alguno pasado que no terminó de funcionar o uno que estés pensando en incorporar.

Asegúrate de que en todos los planes de acción desarrollas los cinco pasos del Arranque:

1. Definir el hábito con su Motivación (Necesidad + Recompensas).

2. Traducirlo a Miniacciones (o Microcambios).

3. Fijar un Momento y Frecuencia (esta quedaría excluida si es un Hábito–Gesto que solo se dará ocasionalmente).

4. Elegir el Activador (o varios, si lo crees conveniente).

5. Eliminar potenciales Resistencias y obstáculos.

Soy consciente de que este ejercicio supone elaborar cinco planes de acción y que eso es más trabajo que de costumbre. Sin embargo, en esta parte hemos cubierto mucho contenido y es importante que lo afiances antes de seguir avanzando. (Si no tienes tiempo para hacer los cinco de una vez o te da pereza, puedes dividir el ejercicio en partes y repartirlas en distintos momentos o días).

HÁBITO 1
Terminar mi jornada planificando el trabajo del día siguiente.

_____

_____

HÁBITO 2
Recoger y limpiar la cocina a diario, siempre después de la cena.

_____

_____

HÁBITO 3

Eliminar las distracciones (sobre todo digitales) en los momentos de trabajo/estudio en los que necesito concentrarme.

_____

_____

HÁBITO 4

Hacer la cama y arreglar la habitación antes de salir cada mañana al trabajo (o universidad, instituto...).

_____

_____

TU HÁBITO

_____

_____

TERCERA PARTE

Rodaje

14

Repite para que se asiente

Has puesto en marcha el hábito, lo has llevado a la vida real —donde viven los Hábitos— y, poco a poco, comienza a rodar. Pero debe pasar tiempo y práctica hasta que forme parte de ti y de tu red. Y ese es el principal objetivo del Rodaje, la fase que comenzamos ahora.

En el lenguaje de los Hábitos, esta práctica debe traducirse en algo que me has escuchado de manera reiterada desde el inicio del libro: repetir, repetir y repetir. La Repetición frecuente y sistemática será el pegamento gracias al cual el hábito se irá adhiriendo a ti. Y para que no se quede en algo pasajero no basta con una pasada; hay que poner varias capas hasta que se pegue bien.

Mi insistencia en la Repetición no es casual. Pretende enfatizar el valor de la idea n.º 7 de la Mentalidad de Cambio: «Más que añadir Hábitos, céntrate en asentarlos». Apostar por este enfoque ha sido decisivo para que yo y muchas personas dejáramos de sumar Hábitos que vienen y se van. Y ahora que iniciamos el Rodaje, es un buen momento para recordarla.

Un beneficio que se amplifica

Sin embargo, el papel de la Repetición no es solo el de adherir el hábito. A medida que la práctica se sume a la regularidad, los efectos del hábito se irán incrementando. Poco a poco, te irá dando más que cuando empezaste, y serás el primero en percibir esa recompensa. Eso hará que tus ganas de seguir crezcan y que el vínculo entre los dos se siga fortaleciendo.

Pero hay otro detalle, un plus que valoro muchísimo por todo lo que ha dado a mi vida. En muchos casos, verás que esos beneficios llegarán a amplificarse tanto que rebasarán el área original del hábito y mejorarán otras partes con las que no contabas. Es decir, has iniciado el hábito para mejorar algo y la práctica (la Repetición) favorece a otros aspectos de tu vida. Fíjate en estos ejemplos:

«Desde hace unos meses sigo un ritual antes de empezar a estudiar. Pongo el móvil en silencio y lo guardo en un cajón, despejo la mesa y elimino cualquier posible distracción. Ahora no solo noto que me cuesta (mucho) menos estudiar, sino que atiendo mejor en otras situaciones: al leer una novela, ver una peli, cenar con mis padres...».

«Hace medio año que me reenganché a salir en bici. He sido bastante constante y regular todo este tiempo. Ahora no solo me cuesta menos recorrer o ampliar las distancias (mi cuerpo se ha ido adaptando), sino que he notado una gran mejoría en mi estado de ánimo, tengo más energía y descanso mejor de noche. Además, eso se refleja en mi trabajo y en el resto de las tareas del día».

Todavía hay otro motivo que explica mi pesadez con el hecho de repetir: debemos tratar de contrarrestar las prisas que nos dominan y de las que nos hemos contagiado en los últimos años. Vivimos en una sociedad impaciente. No estamos programados para esperar y repetir, así que, por instinto, buscamos el beneficio inmediato. Y claro, eso se da de bruces con la práctica regular y constante que necesitan la mayoría de los Hábitos.

Por eso la falta de Repetición es una amenaza que nos acechará constantemente en esta fase. Lo he visto en otras personas, y por supuesto en mí mismo, con al menos tres Hábitos que terminaron en la papelera a causa de mi impaciencia.

Los fallos en la Repetición se presentan de dos maneras:

1. **Frecuencia irregular.** Lleva a la inconstancia y a menudo al abandono (recuerda las etapas del hábito pasajero). Puede deberse a una falta de compromiso real (faltan motivos, no están claros o no son de peso) o a una deficiente planificación, exceso de improvisación o una mala aplicación del método.

2. **Repetición insuficiente.** Motivada principalmente por la precipitación y las prisas. Si por haberlo repetido varias veces asumo que ya he adquirido el hábito y decido pasar a otro, dejaré el anterior sujeto con alfileres y desviaré mi tiempo y mi atención hacia el nuevo.

Cómo llegar al punto de tener ganas de repetir

Cuando empecé a trabajar con Ana Isabel, además de que quería mejorar la gestión del tiempo, tenía especial interés en el hábito de hacer ejercicio. Había intentado engancharse a correr en varias ocasiones, pero la falta de regularidad la había llevado a abandonarlo.

Además de otros detalles, me centré en «Hacer que tú misma quieras repetir más que otra cosa» (expresión que escribí en las notas de nuestras sesiones). Y, finalmente, lo consiguió. Hasta el punto de que si algún día no podía salir a correr, madrugaba para no saltarse su rato de ejercicio. Para llegar a ese deseo casi irrefrenable por repetir, le hablé del método de Jerry Seinfeld.

La historia que explica este método se atribuye al famoso cómico norteamericano. En los comienzos de su carrera, Seinfeld quería desarrollar el hábito diario de escribir guiones para sus monólogos. Tenía claros los motivos, sabía lo que tenía que hacer, pero muchos días le costaba escribir. Lo hacía cuando podía o cuando se acordaba. Era como golpearse una y otra vez contra un muro, pues lo que él y su hábito necesitaban era lo contrario: constancia.

Entonces recurrió a una solución de lo más sencilla pero muy efectiva: consiguió un calendario de papel de gran tamaño y lo colgó en una pared de su casa. Se aseguró de colocarlo en un lugar visible para obligarse a verlo en cualquier momento del día.

Cada día que lograba escribir, aunque solo fuera un párrafo, marcaba con una equis la casilla correspondiente del calendario, y así cada vez que lograba repetir esa acción. Lo hacía con un rotulador grueso para que cada marca (Repetición) fuera bien visible. Si algún día no lograba escribir, dejaba la casilla en blanco, de forma que el hueco destacaba entre tanta equis.

Con el paso de los días, su hábito ganó ritmo y constancia y, a base de marcas en el calendario, fue creando una especie de «cadena» de repeticiones. En ese momento se dio cuenta de algo curioso: la visión de aquella secuencia de equis le impulsaba a repetir, y por nada del mundo quería ver un hueco que rompiera la cadena. Aunque hubiera días que no tuviera ganas de escribir o se distrajera con otras cosas, se veía empujado a hacerlo. Sin pretenderlo, había generado un deseo irrefrenable por repetir.

Pero había algo más. La visión casi constante de las marcas en el calendario hacía que se sintiera bien y le animaba a seguir. En el fondo, cada equis no era sino la representación gráfica de su éxito diario. Estaba cumpliendo lo que antes tanto se le resistía. Eso lo animaba todavía más a continuar con la cadena al día siguiente.

El impulso que muchas personas intentan conseguir a base de frases motivadoras o agarrándose al «querer es poder», Jerry Seinfeld lo logró valiéndose de un rotulador y un calendario. Y tiene su explicación: detrás de este recurso tan básico hay varios resultados. Pero hacía tiempo que no recurría a ella. Por eso, cuando empecé a escribir este libro me pareció una buena ocasión para recuperarla.

Estoy más que habituado a escribir, editar y corregir. De hecho, es algo que hago a diario y no me cuesta. Pero quería volver a experimentar esa sensación de «Berto, no rompas la cadena». Y sí, tal como lo recordaba de años atrás, volví a sentir ese impulso irrefrenable por continuarla. Día a día, equis a equis en mi calendario de papel, logré terminar el libro que tienes en las manos.

Debo aclarar que este recurso es un complemento que puede facilitar la Repetición, pero no sustituye los pasos que has estudiado hasta ahora. De hecho, gracias a haberlos dado, esa constancia te costará mucho menos, y eso por varios motivos:

- Es más fácil repetir lo claro y bien definido. Las intenciones ambiguas y los deseos que rebotan en la cabeza invitan a no hacerlo.

«Debería ponerme a escribir y hacerlo de forma regular».

VS.

«Cada día escribiré quinientas palabras».

- Repetir algo sencillo y asequible, y hacerlo de forma gradual, requiere menos esfuerzo y es más realista. Por eso las Miniacciones funcionan tan bien.

«Estoy empezando a escribir de nuevo y tengo que darle caña. Intentaré escribir todo lo que pueda».

VS.

«Empezaré escribiendo durante quince minutos diarios y, a medida que vaya acostumbrándome, incrementaré el tiempo hasta llegar a una hora».

- Se repite con mayor facilidad lo que tiene un Momento concreto y una Frecuencia bien marcada.

«Tengo que ponerme a tope con escribir. A ver si encuentro un hueco esta semana».

VS.

«Escribiré a diario entre las siete y las ocho de la mañana, de lunes a sábado. Ya tengo ese tiempo reservado en el calendario».

- Cuesta menos repetir algo si has allanado el camino al hábito, eliminando obstáculos y mitigando las Resistencias que te distanciaban de este.

«Quiero escribir y me gusta hacerlo, pero hay días que me cuesta centrarme. Me siento y no encuentro la inspiración».

VS.

«He preparado un rincón del salón y lo he llamado "El rincón del escritor". He despejado y ordenado la mesa, tengo buena luz y la silla es cómoda e invita a escribir. Además, al sentarme primero elimino las distracciones y pongo el móvil en modo avión».

He compartido el recurso utilizado por Jerry Seinfeld como un apoyo extra, algo a lo que podrás recurrir si ves que esa Repetición flaquea o quieres reforzarla. Esta es la verdadera protagonista de la fase que ahora comenzamos. Empéñate en repetir y déjate acompañar por todos los pasos del método y tu hábito empezará a convertirse en duradero. Seguimos.

15

Revisa lo que está rodando

Hace más de veinte años, cuando empecé a construir mi Red de Hábitos, uno de mis mayores errores fue intentar cambiar a lo loco, fruto de mi ímpetu y desconocimiento. Así fue hasta que, tras varias intentonas y cansado de una frustración creciente, hice algo que lo cambió todo: me puse a analizar *cómo* lo estaba haciendo.

Y ese es el propósito del nuevo paso que ahora damos, indispensable en el Rodaje: revisar de forma regular la evolución de tu hábito. Que esté rodando no significa que haya que dejarlo correr solo. Es habitual que, a lo largo de esta fase, haya que ajustar alguna tuerca o introducir algún cambio.

Esta evaluación regular forma parte del éxito de cualquier nuevo hábito, pero más aún cuando es un giro importante o un Superhábito. Te has propuesto un cambio del que esperas mucho y lo que menos te interesa es entrar en una agotadora espiral de intento-fallo-intento-fallo.

¿Qué ganas con esta revisión?

La expresión «revisar cómo va tu hábito» no hace justicia a todo lo que te aporta este ejercicio. Las ventajas que obtendrás durante el Rodaje no puedes pasarlas por alto:

1. Comprenderás cómo se comporta el hábito en la vida real. El cambio ha podido salir de un libro, de un vídeo de YouTube, de un artículo o ser una decisión personal. Nació con unas expectativas, pero ahora convive contigo día a día, y puede que no sea como lo habías imaginado.

> «Me había propuesto dejar de procrastinar ciertas tareas en el trabajo, pero en mis revisiones me he dado cuenta de que esto también afecta a temas familiares. Tendré que realizar nuevos ajustes».

2. Detectarás obstáculos que al principio no habías identificado o que quizá han surgido con la práctica. De hecho, si vuelves al capítulo de las Resistencias, comprobarás que en la mayoría de los ejemplos las personas neutralizaron sus fricciones tras identificarlas *a posteriori*, durante sus revisiones.

«Quería regular mis horarios de sueño, pero tras dos semanas intentando acostarme antes veo que me cuesta ser constante. En casa hay mucha actividad después de la cena: recoger la cocina, ayudar a los chicos con los deberes, ver un capítulo de alguna serie... Tengo que reenfocar el plan».

3. Analizarás tus reacciones y cómo encajas con el hábito. Tal vez habías sobrestimado tu disciplina, tu subconsciente te puede estar llevando a descuidar la Repetición o el hábito choca con tu día a día. Esto ya no es el guion en papel, es la propia película.

«Había decidido recortar de forma drástica el tiempo que paso en las redes sociales, YouTube y Netflix, pero según veo en la aplicación «Tiempo de uso» del móvil estoy consumiendo más o menos las mismas horas. Por lo tanto, hay algo que no estoy haciendo bien y tengo que dar con ello».

4. Podrás encontrar posibles desajustes en tu forma de aplicar el método y verificar los principales puntos de tu plan de acción: Miniacciones, Momento–Frecuencia, Activador, etcétera.

«Me había propuesto ponerme en forma y hacer ejercicio todos los días de la semana, pero veo que ese ritmo es incompatible con mi agenda de trabajo. Además, estoy siguiendo un entrenamiento demasiado exigente. Tendré que rebajar tiempo/intensidad y hacer un Rodaje gradual. Tardaré más en llegar a donde quiero, pero por lo menos llegaré».

5. Reconectarás con el hábito, saborearás la Recompensa (aunque al principio te parezca insuficiente) y disfrutarás del camino recorrido (a pesar de que a veces te sepa a poco). Quizá este detalle no tenga mucho valor entre los microhábitos, pero en otros de mayor calado, si te paras a disfrutar de todo lo que te dan, es mucho (recuerda la importancia de la conexión con el hábito).

«Llevo un par de semanas asignando fechas a mis tareas, y con la planificación diaria todo me va muchísimo mejor. Aún tengo que mejorar, pero noto más control, menos urgencia y mejor coordinación con los demás. ¿Por qué no lo he hecho hasta ahora?».

Bien, ahora suma todos estos beneficios y concéntralos en un único ejercicio que solo te llevará unos minutos. ¿No te parece fantástico? Sin duda lo es...

Pero necesitamos aterrizar, porque de momento eso es solo una intención. Así que recurriendo a una pregunta que ya conoces

(«¿Qué pasos voy a dar?»), vamos a traducir el deseo de revisar en algo específico que puedas practicar en la vida real (ideas n.º 2, «La indefinición es la antesala del no-cambio», y n.º 3, «Piensa en forma de acciones, no de deseos», de la Mentalidad de Cambio).

Un registro para evaluar bien

Para hacer un buen seguimiento del hábito no puedes limitarte a un simple «¿Lo he hecho o no?» o guiarte solo por sensaciones o criterios subjetivos. Quizá sea suficiente para rutinas ligeras o gestos sencillos, pero a partir de un punto no te interesa revisar tu hábito de cualquier manera.

Siempre se evalúa mejor lo que se puede medir, algo de lo que tenemos datos o llevamos un registro y, como serán muchas semanas (o meses) practicando, ese registro no puede ser mental, al menos si lo quieres hacer con rigor. Te recomiendo que utilices una herramienta que te permita llevar un control de la evolución del hábito. Este registro histórico, que debería empezar con el Rodaje, te mostrará si cumples o no el hábito, qué días te lo has saltado, recogerá las dificultades y algún cambio sustancial según avanzas, etc.

Al elegir la herramienta para este registro, puedes optar por una de estas opciones:

• Calendario grande de pared, siguiendo el método de Jerry Seinfeld.

- Libreta convencional o una agenda clásica de papel.

- Calendario digital en formato hoja de cálculo.

- Aplicaciones para hábitos (te hablaré de ellas más adelante).

A lo largo de los años las he utilizado todas, y he tenido buenas experiencias con ellas. No hay una mejor que otra. La elección depende de tus necesidades y preferencias. Lo importante es que elijas una que puedas tener a mano y que te permita anotar con comodidad. No te interesa que el registro termine convirtiéndose en algo ineficiente o tedioso que acabes abandonando.

El mantenimiento y la actualización de este historial será como el cuaderno de bitácora de tu navegación, una especie de caja negra de la evolución de tu hábito. Y lo más importante, te apoyarás en él para realizar la revisión. Este ejercicio regular lo llamaremos «Punto de Control».

El poder de los Puntos de Control

El Punto de Control es una actividad periódica mediante la que revisarás la evolución de tu hábito. A través de una serie de comprobaciones que ahora veremos, podrás analizar la progresión de tu cambio, evaluarás cómo lo estás practicando y corregirás las más que posibles desviaciones.

Sin este ejercicio periódico, el seguimiento de tu progresión sería errático y quizá se limitaría a un análisis superficial de tanto

REVISA LO QUE ESTÁ RODANDO | 185

en tanto («Más o menos lo estoy cumpliendo», «Esto no va conmigo» o «No está funcionando»).

Es, además, el momento perfecto para identificar detalles que no están yendo bien (excepciones, irregularidades, obstáculos…). Detectar esas señales de alerta te permitirá actuar antes de que las fisuras terminen siendo roturas. Y por todo lo que he visto y vivido en mis años trabajando con Hábitos, no es un detalle cualquiera.

¿Cuándo y cada cuánto se hace?

Es verdad que para analizar cómo está yendo tu hábito no tienes que esperar hasta este ejercicio, lo puedes hacer a cualquier hora y en cualquier situación. Pero te recomiendo que te marques un momento específico, siempre el mismo día y a la misma hora. Te interesa ser regular y constante pues, al fin y al cabo, el Punto de Control no deja de ser un nuevo hábito que vas a incorporar en tu vida.

¿Y cada cuánto hay que hacerlo? Un punto de partida puede ser una vez a la semana. Pero es más que posible que debas ajustar esa Frecuencia en función del hábito que tengas en Rodaje.

- Para Hábitos diarios, puedes reservarte un rato al final de la jornada. Si no estás muy cansado, puedes hacerlo poco antes de irte a dormir, mientras te preparas para meterte en la cama. Si te cuesta hacerlo tan tarde, puedes adelantarlo al momento de volver del trabajo o a antes de la cena, por ejemplo.

- Los Hábitos que repites una vez a la semana (o en varios momentos de la semana) puedes revisarlos el domingo para evaluar así los siete días. El día y momento queda a tu elección.

PASO 1: «¿LO ESTOY HACIENDO?»

La primera comprobación del Punto de Control es la más evidente e imprescindible. Consiste en revisar si has practicado el hábito o no. Aquí vas a valorar la parte más cuantitativa de tu evolución: «¿He cumplido lo que me había propuesto?», «¿Estoy siguiendo la Frecuencia y las Miniacciones marcadas?», «¿Ha habido algún día o momento en el que me lo he saltado?».

Veamos los dos escenarios o casos más comunes en este punto:

- **Caso 1: «Lo estoy consiguiendo y veo avances»**
  Además de comprobar que lo has cumplido, te sentirás bien y empezarás a estar más cómodo con el hábito. Reconoce tus progresos y no te limites a seguir sin más. Disfruta de la Recompensa, ya que es lo que buscabas cuando pusiste en marcha ese hábito. El verte progresando en algo que antes no tenías es una sensación que merece la pena saborear. Y si lo conseguido hasta ahora te sabe a poco (porque tal vez esperabas más), te animo a que vayas más allá. No subestimes el impacto de un pequeño avance porque, si cada día das pasos así, ¿dónde estarás dentro de varias semanas o en unos meses? (idea n.º 4 de la Mentalidad de Cambio: «Cambia a lo grande, pero avanza en pequeño»).

- **Caso 2: «No avanzo y encuentro dificultades»**

  Si te has saltado el hábito o detectas falta de avance, tropiezos o bloqueos totales, no te preocupes ni te desesperes. Acalla la posible frustración y no lo veas como una derrota. Pero hay que hacer ajustes cuanto antes. Los cambios de rumbo mientras navegas son absolutamente naturales y un síntoma de que sabes dónde estás, a dónde vas y qué quieres. Por supuesto, para ver la necesidad de un reajuste no tienes que esperar hasta el Punto de Control; te puedes dar cuenta a cualquier hora del día. Pero tener ese ejercicio fijo garantiza un Momento específico para reparar en detalles que no siempre son fáciles de ver con la acelerada vida que llevamos.

Paso 2: «¿Cómo lo estoy haciendo?»

La segunda parte del Punto de Control consiste en bucear dentro de la práctica y la ejecución de tu plan. Este paso es especialmente importante cuando ves que no avanzas y te encuentras con dificultades, ya que podrás hacer todos los cambios y retoques que necesites. En este apartado repasarás la parte más cualitativa de tu evolución.

Aunque puede haber algún agente externo que esté causando la falta de avance, mi experiencia me dice que la mayoría de los problemas se encuentran en la aplicación del método. Para diagnosticar y acertar con los reajustes, debes repasar los elementos y pasos que ya conoces.

Ten presente que detrás de un fallo o una dificultad puede haber una o varias causas, de ahí que tengas que revisarlos todos. Para que puedas diagnosticarlo con mayor facilidad, sigue esta secuencia de comprobaciones:

1. **Evalúa tu Motivación.** ¿Quieres seguir incorporando ese hábito o has perdido el interés con la práctica? ¿Los motivos (Necesidad + Recompensa) siguen igual de vivos que al principio? ¿El hábito tira de ti? ¿Disfrutas con él?

2. **Comprueba las Miniacciones.** ¿Lo estás haciendo con pasos pequeños? ¿Lo que tienes que repetir es asequible o te cuesta? ¿Deberías reducir su tamaño o esfuerzo? ¿Quizá intentas abarcar demasiado?

3. **Repasa la Frecuencia.** ¿La regularidad que te has marcado responde al tipo de hábito? ¿Te ayuda a que empiece a pegarse? ¿Su cadencia es compatible con tu disponibilidad y tiempo diario y/o semanal? ¿Te conviene reducir o aumentar el número de veces?

4. **Revisa el Activador.** ¿La señal que has elegido te ayuda a recordar? ¿Es funcional, cómoda y aparece de forma automática? ¿Te activa tanto a ti como al hábito? ¿Ves necesario añadir un segundo o incluso un tercer Activador de refuerzo?

5. **¿Ha habido excepciones?** Si te lo has saltado algún día, ¿ha sido algo puntual o crees que se está convirtiendo en

tendencia? ¿Cuántas excusas ha fabricado tu mente para justificarlo? ¿Se debió a una causa externa (compromisos, otras personas, urgencia…) o salió de ti? (Analiza este apartado con toda la sinceridad posible).

Una vez identificada la causa o las causas, hay que pasar a la acción cuanto antes. Lo que menos te interesa es prorrogar esa anomalía y que el hábito empiece a corromperse, por decirlo así. En eso nos centraremos en el próximo capítulo, donde veremos la solución a los problemas y atascos más frecuentes que se dan durante el Rodaje.

A lo largo de mi carrera me he encontrado con personas que han visto el Punto de Control como algo innecesario y ni siquiera llegaron a ponerlo en marcha. De hecho, en una ocasión un cliente me preguntó: «Berto, ¿no es un poco exagerado hacer todo esto cada semana para un hábito?», a lo que respondí: «Depende de lo en serio que te tomes tus Hábitos».

También he visto a personas que, a pesar de que empezaron a hacer sus revisiones, terminaron abandonándolas por pereza. Sin embargo, he tenido el privilegio de trabajar con personas que enseguida entendieron el tremendo valor del Punto de Control.

Para mi Red de Hábitos, la que me ha permitido una increíble transformación y llevar la vida que quería, el Punto de Control ha sido un pilar maestro. Algo insustituible. De hecho, para mí es uno de los ingredientes secretos de los Hábitos duraderos. Te animo a que hagas tus revisiones sin desaliento, con rigor y pasión. Tienes mucho que ganar.

16

¿Qué hacer si surgen problemas?

A lo largo del Rodaje es normal encontrarse con irregularidades o detalles que no terminen de funcionar, en especial si estás rodando un hábito que cuesta (intentonas previas, resistencias internas, Superhábito que choca con otro anterior, etc.). Estas dificultades forman parte natural del proceso de asentamiento del hábito y de vuestro acoplamiento mutuo.

Sortear estos baches no solo hará que el hábito se asiente con menos dolores de cabeza, sino que te entrenará para que lo hagas mejor en el futuro. En cada problema-solución aprenderás algo que te ayudará a construir Hábitos para los próximos años. Al final, lo que cuenta no es tanto tener un tropezón o una caída, sino cómo actúas y qué extraes de cada cosa (idea n.º 6 de la Mentalidad de Cambio: «No importa el fallo, sino que lo corrijas»).

Pero volvamos a los Puntos de Control. En el capítulo anterior hemos dejado pendientes algunos de los problemas más habituales del Rodaje. Más que en las situaciones que vamos a ver, te invito a que te fijes en las acciones (soluciones). Si reajustas algunos elementos del método, sin recurrir a otras medidas, podrás solucionar estos problemas y seguir rodando el hábito.

Problema n.º 1: «He empezado con el hábito, pero no veo grandes resultados»

Cuando el hábito supone un cambio notable frente a lo que venías haciendo o se encuentra con una resistencia fuerte (como un mal hábito previo), hay que estar preparado para unos resultados iniciales modestos. Y no pasa nada. Aunque lleves años de experiencia con los Hábitos, seguro que iniciarás alguno nuevo que, de entrada, no te dirá mucho.

ACCIÓN

No busques grandes resultados desde el minuto uno, pero sí avances. En tus Puntos de Control, fíjate en si ha habido progresos, aunque sean poco significativos. No infravalores los pequeños pasos si te ayudan a avanzar. Dale tiempo al hábito y también a ti. Sigue el plan marcado de Frecuencia y comprueba si el Activador hace bien su trabajo. Pero sobre todo repite, repite y repite. Y disfruta.

Problema n.º 2: «Voy bastante bien, pero no repito todo lo que debería»

La inconstancia o seguir una Repetición anárquica suele responder a una de estas dos causas (o a las dos a la vez):

- Falta de conexión con el hábito. En el fondo, no había una Motivación de peso o se ha ido perdiendo, y mi compromiso empieza a decaer.

- Poca planificación, exceso de improvisación y no tener bien atado el Momento-Frecuencia (ni el calendario).

ACCIONES

Reserva unos minutos para realizar un pequeño análisis de la situación. Siéntate y responde con franqueza a las siguientes preguntas:

- ¿Realmente sigues queriendo implementar ese hábito? ¿Sigue habiendo una necesidad(es) real que quieres cubrir? ¿Qué Recompensa buscas? ¿Ese beneficio es suficiente para moverte a ti y al hábito?

Si ves que hay motivos y que además son de peso, esa inconstancia en la que estás cayendo no encaja con lo que dices querer. Hay que profundizar un poco más...

- En los momentos o días que no repites, ¿qué te dices? ¿Te estás agarrando a algo de forma inconsciente para no repetir? ¿Tu mente está generando alguna excusa concreta?

Si aún no has dado con la causa, deberás encontrar el eslabón que puede estar fallando o que falta en el plan. Analiza estos tres detalles:

1. **Momento: día/hora.** ¿Es fijo o aleatorio? ¿Lo has ido cambiando sin motivo? ¿Están bien claros y elegidos según ese hábito concreto?

2. **Calendario.** Si es una actividad, ¿la has programado y has reservado tiempo para practicarla por adelantado? ¿Es suficiente? ¿Encaja con tu disponibilidad y con el resto de tus compromisos?

3. **Activador.** ¿Funciona cuando lo necesitas? Hazlo más presente y ostensible, considera reforzarlo con otro o cámbialo.

Problema n.º 3: «Me lo he saltado alguna vez, pero solo ha sido un día»

Esta excepción consciente, a menudo acompañada de la frase «Total, por una vez no pasa nada...», es una clara señal de alerta. Se trata de una situación que debes desactivar cuanto antes. No quiero dramatizar, pero somos muchos los que, por desatender esas banderas amarillas, hemos pasado de la excepción a la falta de continuidad. A partir de ahí es fácil pasar a las últimas etapas del hábito pasajero: Inconstancia – Desencanto, Abandono – Frustración.

ACCIONES

Si un día o un momento vas a hacer una excepción, o te ves obligado a posponer una acción o una actividad programada por circunstancias externas:

1. Reconócelo en voz alta, pero admite también el peligro que conlleva esa concesión. Saltártelo de nuevo supondría entrar en un terreno pantanoso que debes evitar a toda costa.

2. Céntrate cuanto antes en el próximo Momento del hábito para, incluso, reforzar el tiempo o la intensidad de la acción. El objetivo es neutralizar la excepción y recuperar el terreno perdido.

Así actuó Verónica cuando se saltó un Superhábito que tenía en Rodaje:

RODAJE

«Hoy no he podido empezar el día centrada en la tarea más importante. He tenido que mirar el correo por el contrato de un cliente y se me ha descuadrado todo el plan de trabajo. Atención aquí mañana... Cero correo a primera hora. En vez de una tarea clave, mañana haré dos. Quiero compensar la excepción, y no quiero que se repita. Aunque hacer dos me lleve más de una hora, después tendré tiempo para mirar el correo».

Problema n.º 4: «Voy bien, pero he visto que algún día se me olvida repetir»

En el Rodaje, especialmente al empezar, no eres tú quien tiene que recordarte que debes practicar sino el Activador. Es su misión y tú no tienes que estar pendiente. La señal que elijas ha de trabajar de forma silenciosa y hacerse presente cuando lo necesitas.

ACCIÓN

Analiza si el Activador actual es efectivo, si hay que sustituirlo por otro, hacerlo más evidente o modificarlo/actualizarlo (en los casos de citas, frases o palabras). Otra opción es añadir una señal de refuerzo. Poner dos o tres Activadores no es desproporcionado si al final consigues repetir.

Una situación así la vivió Nicolás:

«Me había propuesto el hábito de parar en varios momentos del día y meditar haciendo ejercicios de respiración. Como Activador había elegido una cita situada en mi zona de trabajo. Pero las últimas dos semanas he pasado más tiempo visitando clientes y claro, casi no he podido ver la cita. Así que he optado por instalar en el móvil una aplicación diseñada para este hábito. He marcado cinco momentos al día con sus respectivas notificaciones. Quiero reengancharme al hábito».

Problema n.º 5: «Creía que no me iba a costar, pero me falta disciplina»

Si de verdad hay motivos para incorporar ese hábito y son de peso, el origen del problema no está tanto en los sospechosos habituales (poca fuerza de voluntad, indisciplina...) como en Resistencias interiores u obstáculos del entorno. Recuerda que hay fricciones que no siempre se identifican al principio, pero terminan saliendo a flote durante el Rodaje.

ACCIÓN

Empieza por repasar las siete Resistencias más habituales que vimos en su momento, y analiza lo que rodea a la práctica del hábito: condiciones en las que tiene lugar, posibles distracciones, cómo te comportas en el Momento del hábito...

¿Hay alguna excusa en particular que fabrique tu mente? ¿Cuál es el elemento que no encaja? Ve a lo concreto, al detalle.

Cuando Saúl se propuso recuperar su rato de lectura diaria, identificó un punto de fricción en el entorno y lo corrigió redecorando un rincón del salón para que fuera más acogedor, pero más tarde encontró otro que le llevó a hacer un reajuste en su plan:

 «Llegaba del trabajo cansado y lo que menos me apetecía era leer, solo tirarme en el sofá. Así que retrasé el momento de lectura hasta después de darme una ducha y cenar. Me ha ido mucho mejor».

Problema n.º 6: «Tengo en Rodaje varios Hábitos y alguno empieza a fallar»

A menudo, el exceso de confianza y las prisas por avanzar nos llevan a iniciar varios cambios a la vez. Cada hábito requiere su tiempo, su plan, sus pasos; todos demandan una cuota de tiempo y atención. Si, en la práctica, a alguno le das menos de lo que necesita, empezará a flaquear.

Es cierto que podemos tener varios en Rodaje y eso no implica necesariamente que vaya a haber fallos, pero no lo recomiendo. Si estás empezando con Hábitos, te animo a que te centres en un cambio a la vez (idea n.º 1 de la Mentalidad de Cambio: «Añade los Hábitos de uno en uno»).

Acciones

Si decides poner a rodar varios Hábitos a la vez y detectas que alguno se bloquea, hay excepciones o empiezas a ser irregular, valora si es necesario pausarlo por un tiempo (ese o los que lo acompañan). Es vital que arraigue, sin carreras ni ansias por sumar. Céntrate en repetir y llegará el momento de añadir otros.

Tras comentar todo esto con Julio, uno de mis clientes, al final optó por seguir con dos Hábitos en Rodaje. Entonces le dije lo mismo que ahora te diría a ti: hay que reforzar los Puntos de Control. Tendrás que hacer todas las revisiones con el mismo rigor, dedicando un tiempo equitativo, guiones de comprobación detallados, etc. No te interesa que alguno de los Hábitos se quede descolgado por unas evaluaciones superficiales o precipitadas.

Problema n.º 7: «Lo he ido dejando poco a poco, realmente no sé por qué»

Cuando inicias un hábito, tienes ganas e interés, más si te tomas la molestia de seguir todos los pasos del método. Pero la necesaria y rutinaria Repetición nos puede llevar a cierta monotonía y a un comprensible desgaste. Si al practicar el hábito no conectas con él ni disfrutas de la actividad y de todo lo que te aporta (Recompensa), el gesto o la actividad irán perdiendo su significado, y lo que pierde valor deja de atraernos y suele conducir al abandono. Es algo que me ocurrió en más de una ocasión cuando empecé a introducir Hábitos productivos.

ACCIONES

Jaime se enfrentó a una situación así, y en una de nuestras sesiones le sugerí estas tres acciones:

1. Vuelve sobre las notas originales con las que has trabajado ese hábito. ¿Cómo definiste tu Motivación? ¿Qué escribiste sobre la Necesidad y la Recompensa? ¿Qué esperabas (esperas) de él? Si lo pusiste en marcha y los motivos siguen vivos, es algo que quieres contigo.

2. Repite, repite y repite..., pero no como un autómata. En el momento de practicar el hábito o la actividad, tómate unos segundos y dale un significado, saboréalo. Recuerda el valor de forjar el vínculo con él: piensa por qué lo haces y qué estás ganando.

3. En cada Punto de Control, céntrate en valorar lo que has avanzado y ganado, y cómo eras antes sin eso (tú o el rincón que quieres mejorar). Aprecia cada pequeño progreso. Aunque parezca insuficiente, es algo que ayer no tenías.

Problema n.º 8: «Avanzo, pero me está costando más de lo que creía»

En ocasiones, sobrestimamos nuestra capacidad para desarrollar un hábito. Nuestro optimismo, entusiasmo inicial y las ganas de mejorar a veces nos juegan una mala pasada. Por otro lado, tendemos a subestimar el hábito y su posible dificultad, bien porque sobre el terreno es más complejo de lo que nos parecía o porque hay Resistencias que no habíamos previsto.

ACCIONES

Procura que tus acciones y cambios sean pequeños y sencillos, más aún si compruebas que el camino se vuelve cuesta arriba. Revisa el plan que has trazado y asegúrate de que las acciones son minis de verdad. Si es preciso, hazlas más asequibles (menos tiempo, menos esfuerzo, una fase más reducida, etc.).

Un Rodaje más gradual alargará tu camino y requerirá más paciencia, pero te costará menos y progresarás mejor. Con los Hábitos es más importante avanzar despacio que hacerlo a trompicones, o peor aún, quedarse por el camino (idea n.º 4 de la Mentalidad de Cambio: «Cambia a lo grande, pero avanza en pequeño»).

Una situación así vivió Almudena cuando se propuso reducir el uso diario de las redes sociales:

«Quise cortarlo de golpe, pero la tentación me hacía mirar el móvil cada dos por tres. Creo que tenía (tengo) cierta adicción y pequé de optimista. Voy a hacerlo más progresivo y empezar marcando tres momentos por la mañana y tres por la tarde o por la noche para consultar Facebook e Instagram. Según vaya viendo los resultados, iré ajustando o reduciendo su uso».

Problema n.º 9: «Tengo claro el hábito y lo quiero, pero no encuentro tiempo»

Muchos de los Hábitos–Actividad requieren un tiempo fijo en tu agenda que debes asegurar por adelantado: si te propones una hora de trabajo sin distracciones, hacer ejercicio equis veces a la semana o practicar tu afición favorita a diario... Si no te anticipas y le reservas ese tiempo, los demás, la actividad cotidiana y el resto de tus compromisos se lo irán llevando. Debes defender tu tiempo para lo que quieres que pase, como este nuevo hábito.

ACCIONES

Programa la actividad en el calendario y resérvate un tiempo fijo que no te saltarás (no lo harás porque tienes motivos reales). Por otro lado, revisa y reconsidera la Frecuencia que te has marcado.

Quizá te has propuesto una cadencia excesiva que no es realista con tu disponibilidad. El Rodaje está sobre todo para repetir y asentar el hábito, pero también para acomodarlo y hacer que encaje con el resto de tu vida.

Esto le pasó a Ana Isabel, que se había propuesto volver a hacer ejercicio de forma regular:

«En el último mes, mi trabajo ha cambiado por un proyecto nuevo y ya no tengo tanto tiempo como antes. Me he visto obligada a volver a mi calendario y reducir los ratos para salir a correr. Además, me he asegurado de reservar huecos para el próximo semestre».

Problema n.º 10: «Desastre total. Todo el hábito se ha venido abajo»

Todavía no me he encontrado con nadie que, al menos una vez, no haya tenido que empezar de cero con algún hábito. Y eso, por supuesto, también me incluye a mí. No será algo que te pase a menudo, sobre todo a medida que cojas experiencia, pero cuando construyes Hábitos siempre aparece alguno que se tuerce o te enfrentas a una situación que no habías vivido antes. La solución pasa por volver a la casilla de salida... y ¡no pasa nada!

ACCIONES

Que no te venza la frustración o la desesperación. Desecha pensamientos del tipo «No tengo fuerza de voluntad» o «No puedo con esto». Si de verdad quieres ese hábito, sé práctico y, sobre todo, aprende y corrige. Por supuesto, regresar al inicio puede dejar un mal sabor de boca, pero esos reveses son muy buenos maestros. Te aportarán conocimiento y confianza para seguir creciendo.

1. Antes de retomar el hábito, analiza el porqué del fallo o del abandono. Te recomiendo que repitas el ejercicio que hiciste en la primera parte del libro («¿Qué ha fallado?»).

2. Reconecta con tu Motivación y sobre todo con la Recompensa que buscas. Es lo que tira de ti desde dentro y lo que te hará volver a él una y otra vez. Si eso no te impulsa lo suficiente, todo lo que venga después no te servirá de mucho.

3. Reinicia el método y ve recorriendo todos los pasos. Para no caer en los mismos errores, asegúrate de que tu nuevo plan no sea idéntico al anterior. Pon especial énfasis en el paso que crees que motivó el colapso: ¿Acciones demasiado grandes?, ¿falta de tiempo o mala planificación?, ¿Repetición insuficiente?, ¿alguna Resistencia que no viste o sobre la que no actuaste?

4. Procura que todo el proceso sea más asequible, gradual y sí, lo tengo que decir, más lento. No pasa nada por ir más despacio si al final consigues un hábito duradero.

5. Sé riguroso con tus Puntos de Control. Haz un buen seguimiento y comprueba todos los detalles que rodean al hábito. Esta vez sí que se va a quedar contigo.

Aprender a cambiar no solo consiste en dejarte guiar por tal o cual mentalidad, o aplicar unos pasos según un método definido. Supone actuar de forma proactiva ante los retos y los obstáculos de partida, pero también corregir los desajustes que pueden aparecer después.

Con tus motivos y pasión por mejorar, con los Puntos de Control que te irás marcando y con las soluciones que acabamos de ver, estarás más preparado para que el cambio tenga éxito. No me cabe duda.

17

Aplicaciones para Hábitos

Ahora que encaramos el tramo final del Rodaje, me gustaría hablarte de unas aplicaciones diseñadas para incorporar hábitos. Están pensadas principalmente para dispositivos móviles y suelen conocerse por su denominación en inglés: *trackers*. Son soluciones que aúnan los elementos de nuestro método y que ofrecen la posibilidad de hacer un seguimiento a tu hábito.

Desde hace años, los llamados teléfonos inteligentes han provocado que una parte de nuestra vida gire en torno a las aplicaciones. A muchos nos encanta descubrir y descargar nuevas apps que nos faciliten la vida. No en vano una de las preguntas que más he oído en los últimos años ha sido: «¿Qué aplicación me recomiendas para organizarme y aprovechar el tiempo?». Mi respuesta siempre ha sido (y será) esta: «Hay una aplicación imbatible, válida para cualquier persona, cualquier sistema operativo de ordenador y móvil, que puedes utilizar en todo momento y que puedes actualizar cuando lo necesites. Se llama HÁBITOS».

Bueno, pues ahora tenemos aplicaciones para crear Hábitos.

De un tiempo a esta parte, hemos asistido a una explosión en el mundo de los Hábitos, en especial por lo que se refiere a vida saludable y consciente, productividad y efectividad en el trabajo, organización personal y del hogar. Blogs, libros, artículos, guías prácticas, vídeos online... En la actualidad hay una cantidad ingente de recursos e información sobre esos temas. Y junto a esa información han ido surgiendo muchas aplicaciones que nos ayudan a formar Hábitos.

Hay *trackers* para instalar en el ordenador o acceder a ellos a través de páginas web, aunque las versiones más utilizadas son para el móvil y su complemento, el reloj inteligente. La explicación es comprensible, ya que son dispositivos que llevamos de forma permanente.

¿Cómo son y qué hacen?

El funcionamiento de estas aplicaciones no puede ser más sencillo y todas tienen una estructura similar. En esencia, sigue una secuencia de fases que a estas alturas conoces bien: primero el Arranque y luego el Rodaje.

El primer paso siempre es marcar el objetivo, la actividad o el hábito que quieres incorporar. Aunque siempre te darán la opción de personalizarlos, estas aplicaciones suelen traer precargados los más comunes, ya sea un hábito productivo, de organización, vida sana, bienestar, etc. Por ejemplo, trabajar sin distracciones durante una hora, beber equis vasos diarios de agua, salir a correr o hacer ejercicio, practicar un rato de meditación o yoga, parar y respirar de manera consciente varias veces al día, no exceder un límite diario de cafés o caminar cada día un número concreto de pasos, entre otros.

Hecho eso, deberás indicar cuándo quieres practicarlo (Momento), las veces que se va a repetir y cada cuánto (Frecuencia y Repetición). Como ves, son temas familiares que conoces bien: su porqué, cómo actúan sobre el hábito y cuáles son los beneficios que obtendrás.

Para esos Momentos y Frecuencia será la propia aplicación la que actuará de Activador. Sin tener que recurrir a otra señal externa, te recordarán cada cierto tiempo (el que tú marques) que es el Momento de hacer lo que te has propuesto. Dado que están en tu móvil (o reloj), ese recordatorio se presentará en forma de notificación en pantalla, sonido o vibración, lo que tú configures.

Su funcionamiento durante el Rodaje

Estas aplicaciones también te ayudarán a registrar si cumples o no tu objetivo. Cada vez que lo consigas, lo indicarás en la pantalla y quedará registrado en el historial de la aplicación (el equivalente a la equis en el calendario de Jerry Seinfeld). En cualquier momento puedes consultar ese registro, ver la evolución general, comprobar los días que has cumplido o saber si te has saltado alguno.

Una de las características más destacadas de estas apps es su énfasis en la parte anímica. La mayoría incluyen mensajes motivadores o citas inspiradoras que se mostrarán en la pantalla de forma regular, recordándote la importancia de no saltarte tu hábito y seguir adelante con tu objetivo. Personalmente, no veo esta funcionalidad como algo decisivo, pero es un extra que no sobra y que, desde luego, muchas personas agradecen.

En la misma línea, estas aplicaciones reconocen tus progresos. Cuando consigues tu objetivo o encadenas varios días practicando («Te has ejercitado cinco días seguidos» o «Has trabajado una hora sin mirar el móvil»), lo resaltan con una pantalla de felicitación o un «premio». Suele ser una medalla, un trofeo o una imagen que representa tu logro. Es un detalle simbólico, pero en el fondo tiene un gran significado para ti: lo estás consiguiendo.

Además, algunas de estas aplicaciones incluyen la opción de escribir pequeñas notas o de llevar un sencillo diario. Te servirá para recoger tus impresiones a medida que avanzas o reseñar algo importante que no quieres dejar pasar. Por ejemplo: «Hoy no he aprovechado la primera hora de trabajo por no haberla preparado el día antes», «Esta semana me he saltado un día de deporte por no reservar tiempo» o «Ayer cené más ligero y hoy me ha costado menos levantarme». Estas breves anotaciones forman parte de tu aprendizaje y evolución, además de ser la memoria del camino que estás recorriendo.

Para mí, el principal punto a favor de estas aplicaciones es que te acompañan todo el día. Puesto que la mayoría de nosotros llevamos el móvil a todas partes, estos ayudadores te acompañarán desde el primer minuto del día hasta la noche. Estés donde estés, hagas lo que hagas, sin importar la hora que sea, estarán ahí para recordarte la acción y ayudarte a conectar con tu hábito. En muchos casos, supone una ventaja decisiva frente a otros Activadores físicamente limitados a un lugar específico o a un objeto.

¿Aplicación o no aplicación? ¿Qué es mejor?

Por todo lo dicho, estas aplicaciones se suman a las opciones que ya tenías para realizar el seguimiento de tu hábito. Antes hemos barajado otras, como un calendario digital, una libreta de papel o una agenda clásica, así que en este punto la pregunta es casi inevitable: ¿cuál es la mejor herramienta?

No te puedo dar una única respuesta, pues tanto yo como las personas con las que he trabajado hemos obtenido grandes resultados con todas ellas. Mi recomendación es que pruebes y encuentres la mejor opción para ti, ya que depende del tipo de hábito que estés formando, de tus gustos y de tus necesidades.

Antes de decantarte por utilizar una aplicación o no, te animo a que lo analices con calma y detalle. Hay personas que, cuando oyen las palabras «aplicación» y «móvil», asumen que son la solución definitiva, y se lanzan a descargar y probar todo lo que encuentran a su paso. Que estén diseñadas para Hábitos y se puedan instalar en el teléfono último modelo no las convierte en la mejor opción para ti o para el hábito que quieres desarrollar.

Recuerda que estas aplicaciones son solo una herramienta, un recurso que se tiene que apoyar en el método que has aprendido, siempre en la línea de todas las piezas que has ido colocando hasta ahora. Es fácil dejarse llevar por la promesa de que no fallarás, y terminar perdiendo el tiempo embelesados por sus vistosas animaciones y coloridas pantallas e iconos. ¿Y dónde queda el hábito?

Este es el principal motivo por el que no te había hablado de ellas hasta ahora. Primero necesitábamos conocer el hábito por dentro, ver los pasos del método y estudiar los ejemplos que he ido compartiendo hasta ahora.

En mi caso, al menos al escribir estas líneas, no utilizo estas aplicaciones. Aunque me encanta la tecnología y está presente en buena parte de mi vida, prefiero formar mis Hábitos de manera tradicional, por decirlo así. Pero es mi decisión y elección. Muchas personas las utilizan y están encantadas con ellas. Y entiendo el porqué. Tendrás que valorar si son la mejor opción para ti o para ese hábito concreto.

Recopilación de *trackers*

Actualmente hay una gran variedad de este tipo de aplicaciones. Todas son gratuitas, aunque la mayoría incluyen una versión de pago con funcionalidades añadidas (seguimiento avanzado, recomendaciones personalizadas, acceso a una comunidad y foros de usuarios, vídeos y tutoriales explicativos, etc.).

He recopilado algunas de las más utilizadas:

- Coach.me: https://www.coach.me
  Versión: iOS, Android y web.

- SticKK: https://www.stickk.com
  Versión: iOS y Android.

- HabitBull: http://www.habitbull.com
  Versión: iOS y Android.

- Way of Life: https://wayoflifeapp.com
  Versión: iOS y Android.

- PRODUCTIVE. Habit tracker app: http://productiveapp.io
  Versión: iOS.

- The Habit Hub: http://www.thehabithub.com
  Versión: Android.

- Strides: http://www.stridesapp.com
  Versión: iOS.

- STREAKS: https://streaksapp.com
  Versión: iOS.

- Loop Habit Tracker: https://loophabits.org
  Versión: Android.

18

¡El hábito ya está contigo!

El hábito rueda y se va pegando, rueda más y se queda poco a poco..., hasta que por fin está contigo. A medida que pasen las semanas y vayas sumando y repitiendo, tanto en la práctica como en cada Punto de Control tendrás la sensación de que el hábito empieza a formar parte de ti.

Pero además de percibirlo o experimentarlo, recibirás otras señales que te indicarán que las raíces del hábito comienzan a crecer. Sobre todo lo detectarás en estos tres detalles:

1. La Repetición te resultará más natural, menos forzada, y la actividad o el gesto serán cada vez más fluidos. Si has empezado con Miniacciones, verás la oportunidad (casi la necesidad) de sumar otras nuevas, o pasar al siguiente nivel incrementando la dificultad.

2. Cada vez necesitarás menos el Activador. Al repetir, la acción empezará a salirte sola, ya que el hábito habrá comen-

zado a calar en tu subconsciente y actuará en modo piloto automático. Incluso quizá llegues a exclamar: «¡Si ya me sale solo!».

3. En tus Puntos de Control, tendrás más momentos para saborear los resultados y los avances, y menos para corregir desajustes o tropiezos. Las evaluaciones serán más gratificantes y, cada día que pase, estará más cerca la Recompensa que esperabas.

Todo esto te hará sentir que el hábito ya forma parte de ti, de tu forma de trabajar, de tu estilo de vida, de tu bienestar o de tu organización personal. Y llegará el punto en el que te preguntarás: «¿Por qué no lo he hecho antes?». Ya no podrás imaginarte la vida sin él.

Según la imagen que acabo de presentar, parece que todo va rodado y pinta a las mil maravillas, ¿verdad? Bueno, pues que suene la señal de alerta: «¡Uuuuh, uuuuh!, uuuuh!, uuuuh!». Y que se oiga varias veces. Mucho cuidado en este punto del camino...

No me gusta ser agorero, pero parte de mi labor consiste en advertirte sobre los peligros potenciales. Los brotes verdes que acabo de describir y las buenas sensaciones que transmiten suelen venir acompañados de complacencia, exceso de confianza y relajación en el método. No sería la primera vez que en este punto alguien baja la guardia, descuida detalles clave de su plan y desanda un camino que le había costado mucho recorrer. A mí me ha pasado. Y a muchos otros también.

Cuando empieces a identificar estas señales y a percibir estas buenas sensaciones, redobla esfuerzos en la ejecución del método. Porque es también el momento en el que puede aparecer el temido efecto gaseosa de muchos Hábitos pasajeros.

En concreto, presta atención a estos puntos:

1. **Momento.** Si es un Hábito-Actividad, comprueba si has reservado tiempo para él en el calendario. Vigila que no haya excepciones, uno de los tropiezos clásicos de esta fase. Con la rutina y el paso de los días, es frecuente caer en la permisividad. Atención a los «Por un día no pasa nada». No minimices su repercusión.

2. **Activador.** Déjalo actuar más tiempo, aunque creas que no lo necesitas para recordar o pienses que ya no te aporta nada. Seguirá ayudándote a remarcar el Momento del hábito y contribuirá a fortalecer la conexión entre los dos.

3. **Repetición.** Repito mucho una frase que se ha hecho popular entre mis clientes y que a estas alturas reconocerás. Y que dice así: «Repite, repite y repite. Y cuando creas que has repetido lo suficiente... Repite, repite y repite». Bueno, pues aun a riesgo de parecer un lunático lo tengo que decir una vez más: repite, repite y repite.

4. **Puntos de Control.** Que el exceso de confianza y la monotonía no hagan que los descuides. Practica tu evaluación paso a paso con el mismo rigor que el primer día. Vigila

cualquier irregularidad y no la subestimes, por pequeña que sea. Cuando navegas, a veces basta una ligerísima desviación en el rumbo para colisionar.

Después de todo esto, y llegados a este punto, solo me queda recomendarte que, por encima de todo, ¡disfrutes!

Disfruta, porque ese hábito del que un día oíste hablar o que se te ocurrió de repente por fin se está quedando y empieza a formar parte de ti, de tu red personal. Ya forma parte de ese armazón invisible de rutinas y costumbres que te ayudará día a día a trabajar y vivir de la manera que buscas. Él, junto con sus hermanos, te irán llevando donde quieres llegar.

Ese es el gran regalo que nos ofrecen los Hábitos. Y ya los tienes contigo.

Ejercicio práctico
Punto de Control

Como punto final a la fase que ahora terminamos me gustaría proponerte un ejercicio relacionado con la revisión y el control semanal del hábito que está en Rodaje.

El objetivo es preparar un guion de seguimiento para tu primer Punto de Control. Consiste en elaborar tu propia lista de comprobaciones en la que te apoyarás durante esas revisiones, pero aplicadas al hábito que ahora estés rodando, o a alguno que preveas poner en marcha.

Te recomiendo que repases el capítulo 18 («Revisa lo que está rodando») y, partiendo de las pautas y las preguntas que allí veíamos, las concretes y adaptes al caso particular de tu hábito: entorno, condicionantes, posibles Resistencias, Activador, Frecuencia...

Este ejercicio no solo te lo propongo para que pongas en práctica lo aprendido en esta parte, sino para que prepares una lista que utilizarás cada día o cada semana. Te será de enorme utilidad en tus Puntos de Control por dos motivos:

- Además de dar uniformidad y coherencia a cada ejercicio, te ayudará a seguir un orden concreto (y correcto) durante los diferentes chequeos. Evitarás saltarte algún punto y que quede algo sin comprobar.

- Te permitirá agilizar la dinámica y los tiempos de tus revisiones. Eso hará que no se vuelvan pesadas y el ejercicio mantendrá el necesario detalle para que cumpla su misión.

Con la práctica y el tiempo, dejarás de necesitar esta guía ya que, como habrás imaginado, te saldrá sola. Pero al principio este recurso te facilitará la práctica regular de la trascendente evaluación.

A continuación verás un ejemplo para uno de los Superhábitos de productividad más extendidos. Fue el segundo que logré asentar, y actualmente está en mi «Top 10» de Hábitos. Puedes utilizar este ejemplo como plantilla o referencia para la lista de comprobación que prepares en este ejercicio.

En el ejemplo no me he limitado a incluir los chequeos y preguntas, sino que lo he completado con mis respuestas. Así podrás ver el resultado de un Punto de Control completo.

En cuanto termines el ejercicio, te estaré esperando para afrontar la recta final de nuestro viaje. Ya queda menos.

Hábito

La última tarea diaria siempre será preparar el plan de trabajo del día siguiente. (Desde ahora, esta será la lista de pasos y comprobaciones que voy a seguir para evaluar este hábito).

PASO 1: ¿LO HE PRACTICADO?
(Parte cuantitativa)

Comprobación inicial

- **¿Lo he hecho todos los días de la semana?**
  Sí, a diferencia de la anterior, esta semana he cumplido de lunes a viernes.

- **¿Le he dedicado el tiempo que me había marcado?**
  Sí, aunque estoy viendo que no todos los días son iguales y alguno he ido un poco justo. Tal vez tenga que ajustar esto.

- **¿Lo he hecho a la hora que yo quería?**
  Todos los días excepto uno. Tuvimos una reunión a las cinco de la tarde que terminó más allá de las seis. Ese día hice la planificación un poco más tarde.

Caso 1: Lo estoy consiguiendo, hay avances.

Esos avances los veo en: más anticipación en mis tareas, mejor control de plazos y fechas, mejor coordinación con los demás. También tengo más claro cómo empezar al día siguiente. En general, noto que tengo un mayor control de todo mi trabajo.

Caso 2: No avanzo y encuentro dificultades.

Si ha habido problemas algún día, voy al siguiente paso.

PASO 2: ¿CÓMO LO ESTOY HACIENDO? ¿Y MI PLAN?
¿Y EL MÉTODO?
(Parte cualitativa)

Chequeo del método

- **Motivación. ¿Sigo queriendo planificar cada día? ¿Qué me aporta? ¿Qué necesidad llena esa planificación?**
  Sin duda, lo quiero y lo necesito. Por todo lo que esperaba conseguir, pero también por dos extras que me está aportando: *a)* Al planificar por adelantado, tengo más claras las primeras tareas del día siguiente, y eso me permite empezar con mayor intensidad y ritmo de trabajo. Todos los días.
  b) También me doy cuenta de que, cuando hay algún imprevisto o urgencia y me veo obligado a improvisar, ahora lo hago con más criterio. Replanifico mejor.

- **Miniacciones. Respecto a la mecánica, el orden y los pasos que sigo para planificar, ¿son los correctos? ¿Me parece fácil y cómodo? ¿Podría mejorar algo para ganar fluidez?** Creo que me lleva más de lo debido, y quizá tengo en cuenta demasiadas cosas. Estoy pensando en hacer una lista de chequeos y comprobaciones diarios, tal como estoy haciendo con estos Puntos de Control. Creo que me ayudará a seguir un orden de planificación concreto que me lleve menos tiempo.

- **Momento y Frecuencia. ¿Las seis de la tarde sigue siendo buena hora? ¿Es suficiente el tiempo que he bloqueado?** Si consigo hacerlo más rápido, el tiempo que he reservado es suficiente. Ahora voy un pelín justo. También veo que a esa hora hay días en los que estoy muy cansado y me da un poco de pereza planificar. Si esto va a más, quizá lo adelante a las cinco o a las cinco y media de la tarde.

- **Activador. ¿Está funcionando la alarma que me he puesto (ordenador y móvil)? ¿La veo en el momento de planificar?** Funciona perfecta. De hecho, ha habido algún día que, antes de que me avisara, he mirado el reloj y he pensado «Casi es la hora de planificar».

- **Resistencias. ¿Hay algo que me dificulte la práctica? ¿Existe algún elemento mío o de los demás que esté impactando/perjudicando la planificación?** Sí. Además del cansancio, me influye bastante el trabajo. Depende de la cantidad de tareas diarias, de cuánto correo reciba o de si nos ponen alguna reunión al final del día. Por ahora, no voy a reajustar el tiempo que había asignado, pero lo vigilaré.

- **Excepciones. ¿Me he saltado la planificación algún día o he tenido la tentación de hacerlo? ¿Qué lo provocó? ¿Fue algo mío o algo ajeno a mí? ¿Fue de suficiente peso como para retrasarlo? ¿Cómo he compensado y recuperado al día siguiente?**
Todo en orden. Excepto el día de la reunión que se alargó. Creo que reaccioné bien reprogramando el Momento de planificar.

Próximas acciones

¿Hay algún cambio, reajuste o nueva medida? ¿En qué me voy a centrar la semana que viene para asentar esta planificación? Tengo que estar atento al cansancio y a las tareas del trabajo que me pueden obligar a recortar la planificación o querer posponerla. Si detecto alguna por adelantado (una reunión, por ejemplo), reajustaré el Momento de planificar.

Por lo demás, me voy a centrar en repetir, repetir y repetir.

Tu hábito

_____

_____

Continúa tú

19

Sumar Hábitos: tu red crece

Desde las primeras páginas del libro te he transmitido el increíble tesoro que supone contar con tu propia Red de Hábitos, rutinas, gestos y actividades interconectadas que trabajan para ti y para tus prioridades constantemente.

Si bien es posible y válido añadir Hábitos sueltos sin más pretensión que ayudarte en algo específico, es al conectarlos cuando alcanzan tal pico de acción que su efecto puede llegar a reprogramarte por completo. Más aún si has ido agregando algún Superhábito.

A lo largo de esta guía me he centrado en transmitirte el método para incorporar y asentar un hábito, pues esa será la base de tu red. Así se construye, siempre de uno en uno. Y si vas a transmitir estas ideas a otra persona, insístele en la importancia de hacerlo de esta manera.

Pero ahora que ya conoces el método (y a medida que vayas practicando y rodando nuevos Hábitos), es natural que veas la oportunidad o la necesidad de ampliar tu red. Y no de cualquier manera, sino siguiendo unas pautas para construir en la dirección correcta. Recalco esto porque sumar y conectar Hábitos no te interesa hacerlo dando pasos erráticos. Aunque yo improvisé en mis comienzos, guiado por mi instinto y necesidades, te conviene evitarlo.

Cuando descubrí la posibilidad de vincular y amplificar mis Hábitos, y vi los increíbles beneficios que me daba, cambié mi planteamiento inicial. Empecé a sumarlos siguiendo un modelo claro, busqué Hábitos que me aportaran en un área y que a la vez se conectaran con otros que ya tenía. Y dado que ese enfoque me ha funcionado muy bien —y así se lo he transmitido a tantas personas durante todos estos años—, te lo propongo ahora.

Veamos el modelo de tres pasos con el que sumar y conectar Hábitos para construir tu propia red.

Paso 1. Identifica el área de mejora

Lo primero es decidir la dirección en la que quieres que crezca tu red: ¿qué área de tu vida quieres reforzar, mejorar o potenciar? Aunque puede ser cualquiera, te recomiendo que partas de las cuatro principales sobre las que suelen girar nuestros Hábitos:

- **Mis cosas:** gestión y organización propia, finanzas personales...

- **Mi salud:** alimentación, bienestar físico o mental, estilo de vida...

- **Mi productividad:** gestión del tiempo, efectividad en el trabajo/estudios...

- **Mi casa:** orden y gestión de la casa, cuestiones familiares...

A la hora de decidir, no pierdas de vista que, si buscas conectar Hábitos, tendrá que ser un área en la que ya tengas un hábito asentado, pues te vas a impulsar en él para obtener un beneficio mayor. Ese hábito hará las veces de anfitrión para el recién llegado. De modo que lo vamos a denominar así: el inicial será el **anfitrión** y el nuevo será el **huésped**.

Una vez elegida el área, deberás identificar un rincón más específico, ya que cada una es muy amplia, y al poner en marcha cambios no debes caer en la indefinición, como sabes.

Veamos varios ejemplos para concretar este punto:

Mi productividad > Gestión del trabajo

Necesito dejar de procrastinar tanto algunos aspectos de mis proyectos. Como hábito anfitrión utilizaré algo que llevo practicando desde hace tiempo y que se me da bien: asignar fechas a todo lo que tengo que hacer.

Mi salud > Estilo de vida

Necesito mejorar mi descanso nocturno y mis horas de sueño. Quiero sentirme mejor por las mañanas. Como apoyo inicial utilizaré los hábitos de alimentación sana que estoy siguiendo en mis comidas y lo vincularé a mis cenas ligeras.

Mi casa > Organización de las tareas

Quiero optimizar las tareas familiares, en concreto los recados. Somos muchos en casa, y me paso la semana de un lado para otro. Tengo que planificar esas tareas para no perder tanto tiempo. Como hábito anfitrión puedo utilizar otro que ya hago los sábados por la mañana: la compra semanal.

Mi productividad > Momentos de estudio

Quiero acostumbrarme a hacer las tareas de una en una. Cuando empiezo, me pongo a hacer mil y me cuesta centrarme. Ya tengo un hábito que me ayuda mucho, un ritual de gestos para eliminar distracciones que utilizo cuando necesito estudiar una asignatura complicada.

Mi salud > Bienestar físico

Paso bastantes horas frente al ordenador. Cada vez noto mi cuello y mis hombros más rígidos, y empiezo a tener dolores. Necesito mejorarlo. Como referente, puedo partir de los ejercicios de relajación que hago antes de acostarme, que me sientan muy bien.

Mis cosas > Control de las finanzas

> Mis gastos se han disparado. Necesito vigilar mis cuentas personales, algo que vaya más allá de cuatro anotaciones en una hoja. Esto puede conectarse con mi hábito de recopilar facturas, recibos y tíquets un día a la semana.

Paso 2. Elige el nuevo hábito

Una vez identificada el área y el rincón de mejora debes elegir el huésped, el nuevo hábito que se conectará con el anfitrión. Lo puedes escoger con la intención de que se complementen o para que llene un hueco (Necesidad) que el primero no llega a cubrir.

Dar con el huésped no te costará. Quizá ya lo tengas en la cabeza, le hayas estado dando alguna que otra vuelta o puedes encontrarlo si lo buscas. La cantidad de información en internet sobre Hábitos es casi inagotable. Hallarás sugerencias e ideas en blogs y páginas web, vídeos y pódcast, etc. En mi caso, con el blog, el pódcast y el canal de YouTube llevo dos décadas divulgando cómo gestionar el tiempo y trabajar de forma inteligente. Y otras personas hacen lo mismo en otras áreas que puede que te interesen.

En este punto recuerda la recomendación que te di en su momento: no elijas por lo que aparente ese hábito o por las maravillas que prometa quien te hable de él (eso también me incluye a mí). Elige en función de tus necesidades e intereses, de los beneficios que buscas y según la afinidad con el anfitrión. No te interesa que el siguiente hábito de tu red no esté relacionado con el que lo va a acoger en casa.

Paso 3. Ponlo en marcha

Al empezar con el huésped, aprovecha la enorme ventaja que supone tener un hábito previo asentado, ya que puedes practicarlo a continuación del anfitrión. Así crearás una rutina o cadena que repetirás en un determinado momento, lugar o circunstancia.

Aprovechar la inercia del hábito consolidado para impulsar el nuevo te facilitará mucho las cosas, particularmente durante el Arranque. Fíjate en la cantidad de ventajas que tiene:

1. De entrada, encontrarás menos Resistencias y obstáculos, ya que es muy posible que las hayas reducido o eliminado antes para el hábito anfitrión.

   «Siempre me ha dado pereza limpiar la cama de mi perro y darle un cepillado. Desde ahora lo haré del tirón, justo después del habitual paseo del mediodía».

2. Si el huésped se trata de una actividad que requiere cierto tiempo, ese rato ya está reservado en tu día/semana para el anfitrión. Solo tendrás que extenderlo un poco, añadiendo tiempo antes o después.

«Desde hace dos meses estudio alemán tres días a la semana, de siete y media a ocho y media. Aprovechando esos ratos, he decidido recuperar mi afición por la guitarra. Ahora practico esos días justo después, en la media hora que queda hasta la cena».

3. Hay una menor dependencia del Activador para recordar, dado que el primer hábito actuará como trampolín para el nuevo. Sin embargo, especialmente al principio, te recomiendo que utilices una señal específica que te ayude a conectar con el huésped.

«En vez de estar pendiente del correo todo el día, he decidido que lo abriré solo a unas horas determinadas. El primer momento será a las nueve y media de la mañana. Me costará menos recordarlo (y resistirme) si lo hago justo después de otro hábito que lleva meses conmigo: hacer las tareas más difíciles del día entre las ocho y media y las nueve y media de la mañana».

4. La Recompensa del nuevo hábito se apreciará desde el comienzo, aunque te la dará al cien por cien cuando esté más rodado. Al empezar, la percibirás a continuación de la que ya te da el anfitrión.

«Después de mis caminatas diarias, he introducido un nuevo plan de comidas sanas y equilibradas. Justo al volver me doy una ducha, cocino y me siento a comer. Lo hago así, en cadena. Con esa rutina me he sentido fenomenal desde el primer día».

5. El nuevo hábito se grabará antes en tu subconsciente y su Rodaje se acelerará. Te saldrá solo en menos tiempo, ya que, al hacerlos de forma consecutiva, tu mente realiza esta asociación: «Después de esto, toca esto otro».

«Creí que me iba a costar más acostumbrarme a volver a escribir en mi diario, pero en poco tiempo ya me sale solo. Lo hago justo después de mi rato de lectura y, como para las dos cosas utilizo la tableta, paso de una a otra casi sin enterarme».

Hacerlo así te ofrece cinco ventajas. Y no son unas ventajas cualesquiera. De ahí que siempre que puedas y lo veas oportuno, te recomiendo que practiques el nuevo hábito justo después de otro que esté asentado.

Pero esta no es la única forma de sumar Hábitos. La otra opción, también válida, es empezar a practicarlo a otra hora, otro día o en circunstancias distintas. Es decir, el nuevo hábito tendrá su propio Momento–Frecuencia en lugar de venir marcados por los del anfitrión. En cada caso verás qué te conviene más o qué tiene más sentido dentro de lo que estás buscando.

Cuando decidas seguir esta segunda opción, el Arranque del nuevo hábito seguirá el proceso del método, con todos y cada uno de los pasos que conoces. La Recompensa que obtendrás del recién llegado la experimentarás en otro momento y de otra forma, pero también será para ti y se sumará a la de otros Hábitos que tengas en esa área.

Antes de conectar Hábitos

Hay dos detalles finales que necesito comentarte. Los he aprendido por mí mismo, pero sobre todo en mi trabajo asesorando a otras personas. Te animo a que no los pierdas de vista si decides empezar a conectar Hábitos y formar tu red.

Al principio no contarás con tanta experiencia a la hora de vincularlos, así que quizá te interese empezar con rutinas sencillas y asequibles (microhábitos). Si bien es posible hacerlo con cambios de mayor complejidad o Superhábitos, tu curva de aprendizaje y las posibilidades de cometer errores serán menores. Por supuesto, tú decides cómo hacerlo.

El otro punto que debes tener en cuenta es la evaluación y el seguimiento de los Hábitos. Debes cuidar al máximo cómo realizas los Puntos de Control. En cada ejercicio semanal deberás revisar la evolución del hábito nuevo, pero vigilar a la vez la integridad del anterior. Lo que menos te interesa es que el anfitrión se debilite por volcarte en exceso con el recién llegado. No olvides que cada nuevo hábito te pedirá una porción de tu tiempo y de tu atención. Y en algún caso puede ser bastante.

Crear Hábitos duraderos es uno de los mayores regalos que puedes hacerte en la vida. Pero si además decides conectarlos con el modelo que acabamos de ver, la transformación que experimentarás es difícil de describir.

Ese *software* interno en el que te apoyarás y te dirigirá marcará qué haces y cómo lo haces, y cambiará para siempre tu forma de organizarte y de gestionar tu día, tu efectividad en el trabajo o tus estudios, o la manera en que cuidas de tu bienestar y llevas una vida saludable.

Ellos te darán todo lo que quieras tener. ¡Por eso los Hábitos son tan increíbles!

20

Ahora te toca a ti

Llegamos al final de nuestro camino juntos, pero ahora comienza el tuyo. Espero que hayas disfrutado tanto leyendo este libro como yo escribiéndolo. Por encima de todo confío en que esta obra te haya aportado ideas prácticas y una metodología clara tanto para lo que buscas ahora como para lo que necesitarás mañana, tanto si es para ti como si se lo vas a transmitir a otra persona (hijos, familiares, amigos, compañeros...).

Ahora te toca a ti. Es el momento de aplicar lo mucho que has aprendido y sacar partido de todo lo que sabes; definir tu hábito con su Motivación y Recompensa; ser capaz de pensar en forma de acciones y descomponer cualquier hábito en pequeñas piezas; marcar un Momento-Frecuencia para empezar, pero sobre todo para continuar; acompañarte de Activadores para recordar, repetir y reconectar con el hábito; seguir una Repetición para que el hábito se pegue bien y te beneficie; y apoyarte en los Puntos de Control para revisar su progresión.

Hemos puesto todas las piezas juntas con un único objetivo:

introducir un cambio en tu vida y convertirlo en un hábito duradero. Sin esfuerzos ni medidas desproporcionadas, sin tener que refugiarnos en la fuerza de voluntad (que no siempre aparece cuando se la busca), y dejando atrás la frustración del cambio pasajero.

Ahora ya sabes cómo crear Hábitos para hoy, pero también para el futuro. Y, en realidad, esa ha sido mi motivación cada vez que me he sentado frente al teclado. Con este libro no solo pretendía darte la fórmula para crear Hábitos y mejorar los que ya tienes. También he querido prepararte para lo que no sabes que necesitarás mañana. En cada página he buscado volcar el conocimiento, la metodología y la mentalidad necesarios para que puedas afrontar cualquier cambio futuro o ayudar a otros a hacerlo.

Ahora ya conoces la respuesta a aquella difícil pregunta con la que empezamos nuestro camino: «¿Cómo se puede cambiar?». Incluso más, porque cuando sea necesario podrás actualizar y reprogramar tu sistema operativo personal, reinventarte por completo al conectar Microhábitos-Hábitos-Superhábitos.

Ahora, tú eres lo que son ellos. Lo que repites de forma constante y silenciosa marca qué haces y cómo lo haces, lo que eres y hasta dónde vas a llegar. No te define lo que deseas, sino lo que haces y repites. Por eso eres lo que son tus Hábitos. Y ahora ya puedes ponerlos a trabajar para ti. Ellos te impulsarán y te acercarán a tus prioridades, las de ahora y las del futuro. Con tu Red de Hábitos, podrás pilotar tu vida como quieras.

Pero no pretendía que este último capítulo se limitara a ser la despedida de rigor y un apresurado resumen del libro. Antes de decirte «hasta pronto» quiero darte tres claves finales que espero te acompañen durante mucho tiempo. Para mí tienen una importancia única, pues las tres han marcado (y marcan) mi manera de afrontar el cambio a través de los Hábitos.

Clave final 1. Apóyate en la Mentalidad de Cambio

Todo el mundo puede cambiar, pero no todo el mundo sabe hacerlo. Enfocar un importante cambio productivo, personal, organizativo o de vida saludable no se puede hacer de cualquier manera y sin las ideas claras. Con mi «Mentalidad de Cambio» he compartido contigo una serie de claves maestras con las que acertar en tus cambios actuales y futuros. Si en alguna ocasión te pierdes o no sabes cómo enfocar un hábito (o le pasa a alguien cercano), vuelve a esta lista y apóyate en esas ideas para reorientarte.

Cada una de las siete tiene un valor especial, pero quiero destacar tres que han tenido un impacto mayúsculo tanto en mí como en muchas personas a las que he acompañado durante estos años.

- **Idea n.º 1: «Añade los Hábitos de uno en uno».** Centra tu tiempo y tu atención en un solo (nuevo) hábito a la vez. Evita la tentación de poner en marcha muchos cambios simultáneos.

- **Idea n.º 3: «Piensa en forma de acciones, no de deseos».** Las acciones hacen que cambies, y los hábitos se alimentan de ellas. Saca el hábito de la cabeza y tradúcelo a gestos que puedas llevar a la vida real.

CONTINÚA TÚ

- **Idea n.º 7: «Más que añadir Hábitos, céntrate en asentarlos».** La mejora personal y el crecimiento productivo no consisten en acumular Hábitos nuevos, sino en conseguir que los que tienes desarrollen unas raíces profundas. *El hábito solo sirve si dura.*

Clave final 2. Construye tu cambio con método

Evita cambiar a lo loco, como me ocurrió en mis inicios. Replica todos los pasos del método y aplícalos fielmente sin saltarte ninguno. No bajes la guardia, incluso con cambios que no aparenten ser complejos. Nunca los subestimes.

Todos los pasos del método son esenciales. De no ser así, no te los hubiera propuesto. Pero por mi experiencia pasada y actual hay tres que tienen una importancia decisiva. Extrema su cuidado, porque muchas veces harán decantar la balanza en un sentido u otro:

- **Céntrate en las Miniacciones.** Con ellas podrás adquirir el hábito de forma gradual, sin esfuerzo y con menos oposición. No midas el efecto de estos pequeños pasos de forma aislada, sino en conjunto. Ahí su impacto es gigantesco. Se puede llegar muy lejos dando pasos pequeños.

- **Déjate ayudar por los Activadores.** No solo para recordar, sino para reforzar la conexión con el hábito y que se vaya grabando dentro de ti. Si es necesario, utiliza varias de estas señales, intenta que no sean siempre las mismas y, aunque creas que ya no las necesitas, déjalas actuar más tiempo.

- **Desactiva las Resistencias y los obstáculos.** Hazlo de forma proactiva antes de empezar, cuando te pongas en marcha y después, durante el Rodaje. Muchas personas fracasan antes de iniciar el hábito por no haber actuado sobre estos puntos de fricción.

Clave final 3. Impúlsate en los Puntos de Control

La revisión que harás regularmente de tus Hábitos es uno de los secretos mejor guardados del cambio duradero. No te limites a repasar tu hábito de forma superficial; haz una evaluación detallada. Sigue el guion que elaboraste para el ejercicio final del Rodaje. Con él podrás identificar desajustes y actuar antes de que las habituales fisuras terminen en roturas.

En cada Punto de Control conseguirás aprendizaje y conocimiento. Comprenderás cómo funciona el hábito y verás la forma de acoplarlo a ti. Eso te permitirá hacerlo mejor en tus próximos cambios. No te olvides de este ejercicio, porque será uno de los pilares que te sostendrá en el futuro, como lo hace hoy con muchos de nosotros. Toda mi Red de Hábitos —con la que he logrado la maravillosa transición entre el Berto Pena de antes y el de ahora— se sostiene en gran medida gracias a los Puntos de Control.

Y llegados hasta aquí poco más me queda por añadir. Solo mencionar que en la escritura de este libro no he estado solo. En absoluto. He tenido la ayuda de cientos de personas que, a lo largo de los años, me han enseñado mucho sobre los Hábitos. Aparentemente, yo les enseñé a ellos, pero lo cierto es que de todos aprendí algo. Y lo sigo haciendo.

A mi familia, amigos, compañeros y clientes, ¡gracias! Gracias por vuestros Hábitos y por ayudarme a transmitir estas ideas a otras personas.

Hace años me propuse una misión a la que he dedicado toda mi vida: ayudar a las personas a tomar el control de sus vidas a través de sus Hábitos. Ojalá que con este libro te haya podido enseñar no solo la fórmula efectiva para cambiar, sino el camino para convertirte en el arquitecto de tu vida.

Ha sido un auténtico privilegio haber tenido la oportunidad de escribirlo, pero mucho más que me hayas acompañado en este camino. Ha sido fantástico saber que estabas al otro lado durante todo este tiempo. Por eso me gustaría decirte: ¡GRACIAS! Gracias por darme la oportunidad de compartir contigo mis ideas, mi experiencia y una parte de mi vida. Gracias de corazón por tu confianza, tu tiempo y tu atención.

Ánimo y ¡a por ello!

Ejercicio práctico
Plan Total

El objetivo de este último ejercicio es trazar un Plan Total para adquirir, desarrollar y asentar un hábito concreto. Para ello, puedes tomar el que hayas estado trabajando durante la lectura, uno que pienses incorporar o recuperar otro antiguo que no conseguiste en su día.

Por supuesto, para elaborar este Plan Total y hacer que funcione, deberás tener en cuenta y aplicar todo lo que has aprendido en cada fase, etapa y paso que has ido dando.

Dado que se trata de varias cosas, para facilitarte el ejercicio he preparado una plantilla de tres apartados con diferentes puntos y preguntas. Puedes seguir esta estructura o hacer el ejercicio libremente, en el orden y con los puntos que prefieras. Si has llegado hasta aquí, tienes el conocimiento y la capacidad suficientes para hacer este ejercicio como creas conveniente.

PARTE 1. DEFINE TU HÁBITO

DESCRIPCIÓN

¿En qué consiste el hábito? Desde tu punto de vista, ¿es un microhábito o un Superhábito? (Intenta ceñirte a una línea).

_____

_____

NECESIDAD

¿Qué hueco quieres llenar con él? ¿Qué área de tu vida/trabajo quieres corregir, mejorar o potenciar? («Mis cosas», «Mi salud», «Mi productividad», «Mi casa»...).

_____

_____

RECOMPENSA

¿Para qué quieres ese hábito? ¿Qué ganarás con él? (Al definir el beneficio, recuerda la importancia de responder de forma específica y clara).

_____

_____

IMPACTO

¿Es un hábito que incorporas para ti o se lo transmitirás a otra persona? ¿Buscas una mejora puntual o quieres conectarlo con otros? ¿Tu objetivo es empezar una transformación y llegar a «reprogramarte»?

_____

_____

RED DE HÁBITOS

Si estás sumando este nuevo hábito a la Red de Hábitos que quieres construir, ¿con qué otro hábito lo conectarás (anfitrión)? ¿Cómo se complementarán entre sí? ¿Cómo amplificará sus beneficios?

_____

_____

PARTE 2. IDENTIFICA RESISTENCIAS Y OBSTÁCULOS

COSAS DEL PASADO

¿Te enfrentas a un mal hábito previo? ¿Es un cambio que intentaste en el pasado y no funcionó? Tanto en un caso como en otro, ¿qué Resistencias y obstáculos has identificado y cómo los desactivarás? (Repasa en el capítulo 9 el ejercicio «¿Qué ha fallado?»).

_____

_____

ENTORNO Y CONDICIONES

¿Algo de lo que te rodea puede complicar el nuevo hábito? ¿Otras personas pueden obstaculizarlo? ¿Hay distracciones, actividades o notificaciones que puedan desviarte de la práctica del hábito?

_____

_____

ENFOQUE Y PLAN

¿Ves posible caer en una falta de planificación o en un exceso de improvisación? ¿Qué pasos darás para evitarlo? Si estás intentando

CONTINÚA TÚ

implementar un cambio brusco, ¿cómo lo enfocarás para que sea gradual?

_____

_____

OTRAS AMENAZAS Y TRAMPAS

Con tu experiencia pasada y lo aprendido en el libro, ¿algo más puede entorpecer ese hábito? ¿Crees que algo necesita un extra de vigilancia?

_____

_____

PARTE 3. QUÉ PLAN VAS A SEGUIR (MÉTODO)

MINIACCIONES

¿Cómo has despiezado y concretado el hábito? ¿Cómo lo empezarás? ¿Y cómo continuarás? ¿En qué Miniacciones o Microcambios te apoyarás? ¿Son asequibles, graduales y sencillos?

_____

_____

MOMENTO-FRECUENCIA

¿El hábito es un gesto de Frecuencia variable o una actividad de Frecuencia fija? Si es una actividad, ¿cuándo la harás y cada cuánto la repetirás? ¿Cómo la has llevado al calendario?

_____

_____

ACTIVADOR(ES)

¿Qué utilizarás para acordarte del Momento y reconectar con el hábito? ¿La señal elegida es contundente, automática y se hará visible cuando lo necesites? ¿Utilizarás más de un Activador?

_____

_____

PUNTO DE CONTROL

Revisar el nuevo hábito no deja de ser un hábito en sí mismo. ¿Qué pasos has dado para asegurarte de que serás constante con este ejercicio? ¿Has preparado el guion de repaso para hacerlo con profundidad y agilidad?

_____

_____

MENTALIDAD DE CAMBIO

¿Con qué ideas maestras de nuestra Mentalidad de Cambio enfocarás este nuevo hábito? ¿Quieres apoyarte especialmente en alguna de las siete?

_____

_____

TÚ Y TU HÁBITO

Escribe una frase breve que defina tu hábito, algo con lo que motivarte y a la que recurrir si te desanimas o necesitas reconectar con él en algún momento.

_____

_____

CONTINÚA TÚ

Recetas de mis 10 Superhábitos

En las primeras páginas te prometí que volveríamos a mi lista de Superhábitos. Ahora que ya conoces el método, tienes la Mentalidad de Cambio más adecuada e incluso sabes cómo conectar Hábitos, estás más que preparado para bucear y profundizar en estos Superhábitos.

No solo te los voy a explicar de uno en uno, sino que voy a desglosarlos según nuestro método, con todos los pasos que seguí cuando los adquirí y consolidé hace años. Son, en definitiva, las recetas completas de estos Superhábitos.

Más que aplicarlas con un copiar y pegar, tómatelas como punto de partida, como referencia. Es probable que tengas que hacer ajustes y personalizar algún paso. Las necesidades, el entorno y las preferencias de cada persona suelen ser distintas. Y eso se tiene que reflejar en el Arranque y en el Rodaje de cada hábito.

Superhábito n.º 1. Al final de cada día, planificar el siguiente

HÁBITO: La última tarea de mi jornada de trabajo consistirá en preparar el plan del día siguiente.

Se trata de una actividad.

NECESIDAD: Estar más preparado cada día e improvisar lo menos posible. Tener claros mis objetivos. Identificar por adelantado lo más importante del día siguiente. Llevar un control exhaustivo de lo que tengo que hacer y, sobre todo, de cuándo.

RECOMPENSA: Empezar el día siguiente con las ideas claras y encontrar antes el ritmo de trabajo. Saber desde el primer momento qué tengo que hacer (y lo que no tengo que hacer). Evitar que haya tareas, actividades y acciones que se me olviden. Ir por delante de mis tareas en vez de perseguirlas. Ganar una mayor anticipación, iniciativa y proactividad en todo lo que hago.

RESISTENCIA: Al final de la tarde solía estar bastante cansado, así que adelanté la hora de la planificación hasta la media tarde.

MOMENTO-FRECUENCIA: Empecé a las cinco de la tarde. Ese rato lo programé en mi calendario. En la actualidad lo hago mucho antes, hacia mediodía (como empiezo a trabajar de madrugada, también termino antes).

MINIACCIONES: Realizo el ejercicio en una única acción, siguiendo una lista (guion) de puntos y comprobaciones que me ayuda a preparar el plan del día siguiente: identificar las dos primeras tareas del día, ver cuáles tengo que entregar, vigilar fechas, revisar lo que he pedido a otros y los temas que tengo a medias, etc.

ACTIVADOR: Aunque después de tanto tiempo ya no lo necesito, empecé con una alarma en el evento de mi calendario para que me avisara a diario quince minutos antes de la hora.

Superhábito n.º 2. Empezar el día pronto (acostándome antes)

HÁBITO: Levantarme a las cinco de la madrugada para empezar a trabajar a las cinco y media. Eso implica acostarme antes para garantizar las horas de sueño que necesito. Apagar la luz en torno a las diez de la noche.

Tiene una Frecuencia fija, aunque en el fondo se trata de una actividad momentánea.

NECESIDAD: Gran parte de mi trabajo es cognitivo y exige momentos de concentración. Además, los necesito a diario. Dado que durante el día tengo otras actividades (clases, webinars, sesiones de asesoría...), necesito asegurarme al menos tres horas de concentración total para avanzar en mis proyectos. Tres horas sin ruido, llamadas, mensajes o distracciones.

RECOMPENSA: Empezar cada día con mayor tranquilidad y paz. Sacar más trabajo y con mejor calidad y detalle. Ver el amanecer a diario. Hacer varias tareas clave en las mejores condiciones posibles, con más frescura mental, tiempo y silencio. Disponer de más horas para mí el resto del día: temas personales/familiares, tiempo libre y aficiones.

Levantarme pronto es uno de los mayores regalos que me he hecho en la vida.

RESISTENCIA: La hora (tan temprana) de levantarme me obligó a acostarme antes si quería dormir el mínimo de horas que necesito. Entre otras cosas, hizo que tuviera que ajustar mi rato de cine de cada noche. El cambio de horario lo fui haciendo de manera extremadamente suave y escalonada.

Otro obstáculo fue la cena. Si cenaba tarde y optaba por comida pesada me costaba más levantarme y notaba que mi mente no estaba tan despejada. (Esa fricción desapareció cuando cambié mi forma de comer).

MOMENTO-FRECUENCIA: Todos los días a las cinco de la madrugada. Incluso antes. Dado que estoy habituado, esa hora apenas varía en los días de fiesta.

ACTIVADOR: Con el tiempo, mi cuerpo se ha acostumbrado y me despierto solo. Cuando empecé, recurría a una alarma.

Nota: Empezar el día pronto no significa levantarte a las seis de la madrugada, a las cinco o antes. Para ti puede ser media hora o una hora antes de lo que lo haces ahora, por ejemplo. Cada uno elige su hora. Lo que cuenta es qué buscas con ello y qué te aporta.

Superhábito n.º 3. Hacer en primer lugar la tarea más importante del día

HÁBITO: Cada día empiezo con la «Roca», que es como llamo a la tarea más importante del día. De todas las cosas que tengo previsto hacer, empiezo por la que más me aporta, la que más resultados me da, la que más me hace avanzar.

Es una actividad.

NECESIDAD: Las «Rocas» son tareas de gran impacto que exigen concentración y detalle. No quiero dejarlas para otro momento, que se expongan a los probables imprevistos o urgencias, y terminar posponiéndolas. Cuanto más me centro en ellas, más avanzo con el mismo tiempo y esfuerzo. Por lo tanto, necesito asegurarlas desde el primer momento del día.

RECOMPENSA: Centrarme desde que amanece en el corazón de mi trabajo (que es lo que me gusta y me llena). Asegurar avances y resultados constantes en la parte de mi trabajo de más peso. Realizar tareas complejas o pesadas con mayor capacidad y agilidad mental. Hacer trabajo de calidad sin que nada me distraiga ni nadie me interrumpa.

RESISTENCIA: Cuando empecé, me tuve que enfrentar a la tremenda oposición (tentación) de abrir el correo y mirar el móvil. También había días en los que no tenía claro por dónde empezar. En ocasiones no sabía distinguir la «Roca». Eso lo corregí marcando momentos fijos para leer el correo y con la planificación y preparación del día anterior.

CONTINÚA TÚ

MOMENTO-FRECUENCIA: A diario. Los días que no trabajo también procuro empezar el día haciendo algo importante o que tenga un significado especial para mí.

ACTIVADOR: Después de casi veinte años haciéndolo me sale solo, pero empecé con un pósit en el que ponía «¡LA ROCA!». Lo tenía pegado en el espejo del baño, con lo que era una de las primeras cosas que veía al levantarme.

Superhábito n.º 4. Eliminar distracciones y hacer solo una tarea a la vez

HÁBITO: Cuando necesito concentrarme, cierro el correo y elimino todas las distracciones físicas y digitales (en especial el móvil). A continuación, me concentro en hacer solo una cosa y evito ir saltando de tarea en tarea (practico la monotarea en vez de caer en la multitarea).

Es un gesto que hago en el trabajo, pero también en otras áreas de mi vida, antes de una tarea o actividad que requiera estar atento. Puede ser una sesión con un cliente, impartir una conferencia, escribir este libro, ver una película o charlar con un amigo.

NECESIDAD: Si quiero hacer bien mis tareas (de verdad) y disfrutar de las cosas importantes, tengo que centrarme. Para estar presente en el momento y estar centrado al cien por cien, necesito silenciar el ruido exterior, eliminar las distracciones y reducir las interrupciones de los demás.

RECOMPENSA: Ganar calidad y detalle en las tareas del trabajo. Ser más rápido y resolutivo. Ser consciente de mi tiempo libre y disfrutar más de mi ocio (adentrarme en un libro, meterme en una película, saborear mi música). Conseguir una mayor capacidad de escucha y conexión con las personas con las que estoy.

Aunque ya voy teniendo unos años, gracias a este entrenamiento (la capacidad de atender es un músculo) cada vez me cuesta menos concentrarme. Mi atención es mejor ahora que hace veinte o treinta años.

MINIACCIONES: Empecé a practicar en periodos cortos que repetía a diario tanto en el trabajo como en mi tiempo libre. Comencé con esprints en los que, durante entre quince y veinte minutos, eliminaba las distracciones y solo hacía una tarea. Progresivamente, empecé a alargarlos a media hora, una hora...

Ahora no los practico durante un tiempo fijo, sino durante el que requiera la tarea o actividad que vaya a hacer. Tanto mi tecnología como mi mente están en «modo avión».

RESISTENCIA: En la actualidad tengo bastante controladas mis distracciones, pero la curiosidad por consultar algo o picotear en el correo siempre está ahí. Intento alejar la tecnología y no tenerla a mano. Todavía hoy, cuando quiero concentrarme, sigo poniendo el móvil en un sitio alejado.

MOMENTO-FRECUENCIA: Es un gesto con una Frecuencia variable que cambia de un día para otro. Lo hago cuando lo necesito.

CONTINÚA TÚ

ACTIVADOR: Empecé a practicar este hábito en el trabajo. Tenía un pósit de los grandes pegado en mi monitor en el que se leía: «¡Foco! Cero distracciones». Esa señal bien visible me animaba a cerrar, desactivar y silenciar los aparatos cuando necesitaba centrarme.

Nota: Este superhábito tiene una fuerte conexión con el n.º 10.

Superhábito n.º 5. Hacer ejercicio físico varias veces por semana

HÁBITO: Ejercitarme de forma regular en el exterior, bien andando o corriendo. Alterno ambas actividades, aunque en los últimos años tiendo a caminar más.

Es una actividad.

NECESIDAD: Cuidar de mi cuerpo y de mi mente de forma regular. Cuando empecé tenía un serio problema de sobrepeso, cansancio constante y poca claridad mental. Mi estado anímico tampoco era el mejor. En una ocasión oí: «A partir de cierta edad, o te cuidas o te descuidas»... Y yo decidí centrarme en lo primero. Sin duda, lo necesitaba.

RECOMPENSA: Lograr un bienestar físico y mental sobresalientes. Alcanzar una calidad de vida muy superior a la de antes. Conseguir más agilidad y energía durante todo el día. Reducir los dolores en las articulaciones y sentir menos cansancio general. Lograr una gran satisfacción personal y claridad mental. Controlar mi peso.

MINIACCIONES: Empecé por salir a caminar veinte minutos todos los días. Progresivamente, fui aumentando ese tiempo hasta redondearlo a una hora. Ahí cambié el plan a cuatro o cinco veces a la semana. También aumenté el ritmo. Al principio eran más bien paseos, pero ahora son caminatas a un ritmo intenso.

Con el paso de los meses y la pérdida de peso, alterné el caminar con cinco minutos de trote. De forma paulatina, seguí extendiendo esos periodos de carrera hasta la media hora. Ahora alterno días de caminar y días de correr.

RESISTENCIA: Muchos años de inactividad y sedentarismo. Mi peso excesivo. Mi vagancia y tendencia a procrastinar («Hoy no parece un buen día para salir, mejor mañana»). Tampoco tenía del todo claro cómo o por dónde empezar. Todo el mundo a mi alrededor estaba enganchado al *running*, pero dado mi pésimo estado físico, lo veía algo imposible.

MOMENTO-FRECUENCIA: Es una actividad que ahora practico tres o cuatro veces a la semana. Cuando camino, dedico una hora y media o dos horas. Si salgo a correr, suelo estar cuarenta y cinco minutos. Cuando empecé, me aseguré de reservar tiempo semanal en mi calendario. Aún lo sigo haciendo.

ACTIVADOR: Cuando inicié el hábito, el día anterior dejaba las zapatillas de deporte en la puerta de casa, de manera que las veía al pasar. También me preparaba la ropa de ejercicio en la silla de mi habitación.

Superhábito n.º 6. Terminar cada día algo que tenga a medias

HÁBITO: Invertir parte de mi tiempo y energía diarios en cerrar algún tema o tarea que tenga a medio hacer o sin rematar, ya sea en el trabajo, la vida personal o las cosas de casa. Si un día dispongo de tiempo o tengo la oportunidad, termino alguna más. (A este Superhábito lo llamo con afecto «el hábito del Terminator», haciendo referencia a la popular saga cinematográfica).

Se trata de una actividad (pero sin un tiempo fijo).

NECESIDAD: En lugar de pelear con tareas que deberían estar terminadas, necesito enfocar mi tiempo y energía en otras nuevas. Tener menos ruido en la cabeza por temas que podría cerrar (con un poco de iniciativa). Centrarme más en lo que de verdad me hace avanzar, que es terminar. Empezar es inevitable, pero terminar es imprescindible.

RECOMPENSA: Lograr más progresos y resultados diarios. Reducir el estrés y los agobios por arrastrar cabos sueltos. Tener la mente menos ocupada y con mayor capacidad para centrarme en lo siguiente. Desatascar situaciones personales o de casa a las que antes daba vueltas y vueltas.

RESISTENCIA: La multitarea. Aunque ahora la tengo bastante dominada porque me centro en hacer las tareas de una en una, antes saltaba de una a otra, pero no las remataba. Eso me llevaba a empezar muchas, pero dejarlas sin terminar y de cualquier manera.

Como obstáculo también me encontré mi tendencia a posponer ciertas actividades que empiezo, pero no me atraen (o estimulan) y termino por dejar pendientes. En particular, el papeleo y los trámites burocráticos.

MOMENTO-FRECUENCIA: Lo hago a diario, pero no a una hora específica. Sé que lo haré porque está en mi lista de tareas del día. Tampoco puedo decir cuánto me llevará; unos días terminar esas tareas requiere cinco minutos y otros necesito media hora.

ACTIVADOR: Para asegurarme de que todos los días puedo terminar (al menos) una tarea que tenga a medias, la identifico en la planificación del día anterior. En ese ejercicio tengo un pequeño apartado destinado a comprobar qué tengo a medio hacer, y cada día elijo una o dos para completar al siguiente.

Superhábito n.º 7. Ordenar siempre al terminar cualquier actividad

HÁBITO: Recoger, ordenar o limpiar justo después de terminar lo que esté haciendo. Puede ser recoger el material de vídeo tras una grabación; reorganizar carpetas, papeles y rotuladores después de planificar un proyecto; limpiar la cocina y fregar los cacharros después de cocinar; o recolocar todas las herramientas y materiales tras una reparación en casa.

Es un gesto.

CONTINÚA TÚ

NECESIDAD: Necesito orden para ocuparme y preocuparme por lo importante. Me ayuda mentalmente. Vivo y trabajo bajo el mismo techo y para mí es fundamental cuidar ambos lugares. Necesito que mi oficina y mi hogar sean sitios ordenados y despejados.

RECOMPENSA: Encontrar rápido las cosas cuando las necesito, ya que después de utilizarlas vuelven a su sitio. Reduzco el estrés visual. Al regresar a esa estancia (despacho, cocina, zona de lectura, salón...) me encuentro un espacio limpio y despejado que me permite trabajar y vivir de una forma más confortable. Lo que me rodea me ayuda, no me condiciona.

RESISTENCIA: La pereza o las pocas ganas que puedo tener en un determinado momento. A veces me veo obligado a terminar rápido alguna actividad y no siempre dispongo de ese tiempo extra para recoger y ordenar.

ACTIVADOR: Este hábito lleva conmigo desde pequeño. Me lo enseñaron mis padres, a quienes se lo debo todo. Por eso nunca he utilizado un Activador. Pero si tuviera que emplearlo quizá recurriría a un pósit bien visible en la zona de la actividad (despacho, cocina, caja de herramientas...).

Superhábito n.º 8. Planificar los menús (de comida sana) de toda la semana

HÁBITO: Diseñar y planificar por adelantado lo que voy a comer los próximos días. Es un hábito doble, tanto de organización como de salud. (Para mí, tiene más importancia lo segundo).
Se trata de una actividad.

NECESIDAD: No preparar la comida en el último momento e improvisar con cualquier cosa que no me conviene. Asegurarme de que mi alimentación es todo lo saludable y equilibrada posible. Cuidar mi nutrición para regalarme calidad de vida y eliminar problemas físicos. (Esta es una de las grandes prioridades actuales en mi vida).

RECOMPENSA: En lo que atañe a la salud, cuidar «lo que hace que me mueva». Mi comida es el combustible de mi cuerpo, pero también el alimento de mi mente. Comer sano me regala vida. Lograr un equilibrio entre los distintos alimentos a lo largo de la semana.

En lo organizativo, proporcionarme tiempo extra, menos dolores de cabeza pensando qué platos voy a cocinar. Hacer la compra con más detalle, buscando alternativas a ciertos productos.

MINIACCIONES: Empecé planificando menús de días sueltos siguiendo un plan de alimentación y productos recomendados. Poco a poco lo fui extendiendo a toda la semana.

RESISTENCIA: Inicialmente, mi naturaleza cómoda y poco proactiva. El no dar mucha importancia a lo que comía. El ver exagerado lo de planificar y diseñar menús con días de anticipación. El agarrarme al «como cualquier cosa y listo». La inercia de muchos años abusando de la comida procesada.

MOMENTO-FRECUENCIA: Todos los domingos por la mañana tengo un momento para planificar las comidas de la semana. En bastantes ocasiones aprovecho esa tarde para adelantar la preparación de algún plato y dejar listo por lo menos lo del lunes.

ACTIVADOR: Empecé con una alarma en el calendario del móvil que me avisaba del momento para planificar. Durante un tiempo utilicé también una aplicación para organizar comidas y listas de la compra que me ayudó a acostumbrarme y a repetirlo.

Superhábito n.º 9. Terminar la semana de trabajo con una revisión de tareas

HÁBITO: Tener un Momento fijo para repasar mi trabajo y proyectos, evaluar cómo ha ido la semana y planificar algunas tareas para la siguiente.

Es una actividad.

NECESIDAD: Lograr un mayor control de mis proyectos, clientes, colaboraciones y trabajos en curso. Estar más preparado para la siguiente semana. Dejar listo el plan de trabajo del lunes. Corregir errores de la semana que termina e identificar mejoras en mi forma de trabajar.

RECOMPENSA: Mejorar el seguimiento de todos los proyectos que manejo, lo que está en marcha, lo que tengo pendiente y lo que se acerca. Identificar progresos y posibles retrasos o atascos en mis listas de tareas. Controlar mejor las fechas y tener más margen de acción a medio o largo plazo. Ganar perspectiva y claridad en mi forma de trabajar, tanto en lo que he hecho como en lo que me queda por hacer.

RESISTENCIA: Principalmente consistió en encontrar un tiempo fijo a finales de cada semana. Los viernes solían acumularse otras tareas y terminaba liándome para terminarlas. Antes me ponía en «modo fin de semana» demasiado pronto. A veces procrastinaba y me decía: «Déjalo, ya lo mirarás el lunes».

MOMENTO-FRECUENCIA: Al principio empecé a hacerlo los viernes por la tarde, a las cinco, a la misma hora que hacía la planificación diaria. Ahora lo hago a las dos del mediodía, ya que mis días y semanas terminan antes. Aunque no necesito reservarme el tiempo, ese evento semanal sigue en mi calendario. Por el momento no tengo intención de quitarlo.

ACTIVADOR: Utilicé el mismo recurso que para la preparación al final del día: una alarma en la cita del calendario. En este caso, me avisaba treinta minutos antes. Prescindí de ese aviso al cabo de medio año.

CONTINÚA TÚ

✕

Superhábito n.º 10. Hacer una desconexión diaria de todo tipo de tecnología

HÁBITO: Un momento en que, de forma deliberada, me alejo de cualquier pantalla y evito toda tecnología que suponga consumo de noticias, información, mensajes, correos, novedades online, etc.
Se trata de una actividad.

NECESIDAD: Internet, llamadas, mensajes, notificaciones, aplicaciones... Aunque tengo una relación razonablemente saludable con todo eso, cada vez necesito distanciarme más de ello. A veces detecto algunas (absurdas) dependencias y (falsas) necesidades. Debo dar el sentido correcto a lo que utilizo. Quiero dominar a la tecnología en vez de que ella me domine a mí.

RECOMPENSA: Oxigenar la cabeza y reducir el ruido que muchas veces me genera el mundo ultraconectado en el que vivo. Entrenar a mi mente para que esté presente y conecte con lo que hago o con quien estoy.
Este momento de «silencio digital» me ayuda a relajarme al final del día e ir preparándome para descansar mejor de noche. Sobre todo, me recuerda que las cosas importantes de mi vida no pasan delante de una pantalla.

RESISTENCIA: Un subconsciente al que le gusta juguetear con el móvil. Mi innata curiosidad por descubrir, aprender o informarme. Aún hoy, mientras veo una película, a veces quiero consultar información sobre el compositor o el director en ese momento.

MOMENTO-FRECUENCIA: Es una actividad que repito a diario en la recta final del día, cuando se acerca la hora de acostarme.

ACTIVADOR: Una alarma diaria que me recuerda que es el momento de desconectar durante (al menos) una hora. Suelo hacerlo coincidir con la lectura, así que coger un libro es también una señal clara de «Berto, ¡desconecta!».

Confío en que estos hábitos y guías paso a paso te ayuden en tu práctica, ya los tomes como plantilla o como inspiración y punto de partida para construir tus propios Superhábitos. Y recuerda que pueden ser para ti o para otra persona a la que le quieras transmitirle todas estas ideas.

CONTINÚA TÚ

«Para viajar lejos no hay mejor nave que un libro».

EMILY DICKINSON

Gracias por tu lectura de este libro.

En **penguinlibros.club** encontrarás las mejores
recomendaciones de lectura.

Únete a nuestra comunidad y viaja con nosotros.

penguinlibros.club